西山文脉

名流荟萃

张宝秀 张景秋◎主编

北京联合大学应用文理学院◎组织编写　吕红梅◎编著

北京出版集团公司

北京出版社

图书在版编目（CIP）数据

名流荟萃 / 吕红梅编著；张宝秀，张景秋主编；
北京联合大学应用文理学院组织编写. — 北京：北京出
版社，2019.12
（西山文脉）
ISBN 978-7-200-15005-6

Ⅰ. ①名… Ⅱ. ①吕… ②张… ③张… ④北… Ⅲ.
①名人—生平事迹—中国 Ⅳ. ①K82

中国版本图书馆CIP数据核字（2019）第126566号

总 策 划：李清霞
责任编辑：董维东
执行编辑：刘 莎
责任印制：彭军芳

西山文脉

名流荟萃
MINGLIU HUICUI

张宝秀　张景秋　主编　吕红梅　编著
北京联合大学应用文理学院　组织编写

出　版　北京出版集团公司
　　　　北 京 出 版 社
地　址　北京北三环中路6号
邮　编　100120
网　址　www.bph.com.cn
总发行　北京出版集团公司
发　行　京版北美（北京）文化艺术传媒有限公司
经　销　新华书店
印　刷　天津联城印刷有限公司
版印次　2019年12月第1版第1次印刷
开　本　787毫米×1092毫米　1/32
印　张　7.125
字　数　175千字
书　号　ISBN 978-7-200-15005-6
定　价　88.00元

如有印装质量问题，由本社负责调换
质量监督电话　010-58572393

编委会

西山文脉

【主编寄语】

　　北京西山，是北京西部山地的总称，属太行山脉最北段，与北京城市发展关系十分密切，宛如腾蛟起蟒，从西边拱卫着北京城，明代以来被誉为"太行之首"[1]"神京右臂"[2]。

　　北京西山北起昌平区南口关沟，南抵拒马河谷一带房山区与河北省涞水县的交界处，西至市界，东临北京小平原，总体呈北东—南西走向，长约90千米，宽约60千米，面积约3000平方千米。地势由西北向东南逐级下降，依次有东灵山—黄草梁—笔架山、百花山—髻髻山—妙峰山、九龙山—香峪大梁、大洼尖—猫耳山四列山脉，最高峰东灵山海拔2303米。地貌类型主要包括中山、低山、丘陵和山间谷地。北京西山向北京平原前出的部分，即今西北六环内的部分，以军庄沟（军温路）及永定河河道与西山主体部分相隔离，俗称"小西山"，地理名称为"香峪大梁"。

---

　　[1]　[明]张爵著：《京师五城坊巷胡同集》，北京古籍出版社，1982年，第14页，"西山，府西三十里太行山首，每大雪初霁，积素若画，为京师八景之一，曰西山霁雪"。[清]徐珂编撰：《清稗类钞》（第一册），中华书局，1984年，第135页，"西山在京西三十里，为太行之首，峰峦起伏，不计万千，而一峰一名，闻者不易志，知者不胜道也"。

　　[2]　[明]蒋一葵著：《长安客话》，北京古籍出版社，1982年，第52页，"西山，神京右臂"。[清]赵尔巽撰：《二十四史（附清史稿）》（第十一卷），中州古籍出版社，1998年，第476页，"西山脉自太行，为神京右臂"。

北京西山是中生代燕山运动隆起后，又经新生代喜马拉雅运动上升的山地和丘陵，地质遗迹众多，优质煤炭等矿产和建筑材料资源丰富，是我国培养自己的地质学专业人才和自主开展地质调查研究工作正式开始的地方，1920年由中华民国农商部地质调查所出版的中英文版"地质专报甲种第一号"《北京西山地质志》是我国第一份地质调查成果。西山堪称"中国地质学的摇篮"，马兰黄土、军庄灰岩、青白口系、下马岭组、窑坡组含煤地层、龙门组砾岩、髫髻山火山岩、芹峪运动等许多源于北京西山的地质名词具有世界意义，很多地层、地质现象、地质构造运动遗迹已成为闻名中外的经典和热点研究对象。西山拥有众多著名山峰，还分布有丰富的冰川遗迹和地下溶洞，河湖水系和动植物资源也非常丰富。2006年联合国教科文组织正式批准"中国房山世界地质公园"并授牌。西山是北京的生态屏障，山水生态构成西山文化的重要基底。

从大的地理单元看，北京位于华北平原旱地农业经济文化区、内蒙古高原牧业经济文化区、东北松辽平原狩猎采集经济文化区这三大地理单元和经济文化区的交汇之处，华北平原与黄土高原的过渡地带。在古代，华北平原多湖泊湿地，而太行山东麓山前地带地势较高，便于通行，久而久之形成一条南来北往的大道，古代大道的北端在蓟城（北京城的前身）。蓟城往西北经南口至张家口，再至内蒙古高原，往北经古北口至内蒙古高原或经承德至东北平原，往东经喜峰口及山海关至东北平原。北京独特的自然地理区位特征使其有着独特的交通地理区位和政治地理区位，自古以来就处于燕山南北与太行山东西文化交汇交融的前沿地带，并逐步成长为多民族文化交融的北半个中国以及整个中国的都城。

感怀历史，北京西山文脉悠长，其发展是一个文化不断层累的过程。西山有北京最早的旧石器时代遗址，是生活在70万年至20万年前的"北京人"的故乡，拥有周口店新洞人、田园洞人、山顶洞人等丰富的旧石器时代晚期遗址，以及东胡林人、镇江营等农业文明肇始以后的新石器时代遗址，有北京最早的水利工程——曹魏时期的戾陵堰、车厢渠，有始建于西晋、北京现存最古老的寺庙潭柘寺（初名"嘉福寺"），有始建于隋末唐初、世界上保存石刻经版最多的寺庙云居寺及延续千年刻制的大量石经、纸经、木版经，以及戒台寺、八大处、卧佛寺、万佛堂等辽金以前的众多遗产遗迹。至辽金时期，北京先后成为辽的陪都南京、金的都城中都，地位不断提升，北京西山地区的发展随之大大加快了速度。历代西山木石和煤炭等资源的开采，京西古道的开辟和不断拓展，使得西山成为北京城市建材和能源的重要供给地，成为联系北京城市和京西地区、冀西地区、山西高原、内蒙古高原的重要通道和文化纽带。

辽代，北京作为陪都，开始了皇家文化与佛教文化的融合，西山地区出现了上方院、清水院、香水院、白瀑寺、灵光寺佛牙舍利塔等一批寺院建筑。此外，北辽皇帝耶律淳死后葬于香山。

金代，北京成为北半个中国的都城，皇帝常巡幸西山，在香山、玉泉山、仰山、驻跸山等处建起多座行宫和寺院，形成著名的"西山八院"。金代"燕京八景"西山占两处，即"西山积雪"和"玉泉垂虹"。金代在西山脚下修筑了金口河和玉泉引水工程，并在沿山一带建起众多墓园。这些奠定了西山"山水与禅宗相融合"的皇家文化根基。

元代，北京成为全国的政治中心，兴建了新的都城元大都。郭守敬先是主持重开金口河运西山木石建设大都城，后又主持修建了通惠河，汇集西山泉水引入大都，解决大都漕运用水，使漕船得以进入大都城内。同时，开辟金水河，将玉泉山泉水引入大都城内。皇帝在西郊修建了大护国仁王寺、大承天护圣寺等多座皇家寺庙以及行宫，铸造了卧佛寺的铜卧佛。西山脚下的瓮山泊（今颐和园昆明湖的前身）成为大都郊外著名的游览区，海淀逐渐变为郊居胜地。

明代，西山范围内开始形成不同的文化景观区域。山前平原成为园林宜居区，海淀附近"稻畦千顷"，形成宛若江南的水乡景色，达官贵人在此建设园林别墅。沿山一带出现多处墓葬陵园区，不仅葬有200多位王爷、公主、嫔妃，还有景泰皇帝朱祁钰的陵寝，留下许多以"府"为名的墓园地名。山地成为寺庙风景区，明代太监在西山兴建起大量寺庙，明人诗句"西山三百七十寺，正德年中内臣作"，就是其写照。此时，西山文化景观初具规模。

清代，在西山和山前平原建起以"三山五园"为代表的大型皇家园林区，先后兴建静宜园、静明园、畅春园、圆明园、颐和园等十余座御园以及大量赐园。清帝大部分时间在此居住和理政，"三山五园"成为紫禁城之外的另一处政治中心。清代，碧霞元君朝拜成为京津及周边地区规模最大的民间朝拜活动，京西妙峰山成为重要的朝拜中心。

近代以来，西山地区成为中外文化交流的场所和红色革命根据地。中法大学最早立足西山建立中法大学西山学院。法国诗人圣-琼·佩斯在此创作了《远征》，后来获得诺贝尔文学奖。革命先行者孙中山先生逝世后，曾停灵于碧云寺。不畏艰险、无私支持中国人民抗日斗争的法国医生贝熙业在西山建房居住、诊治百姓，帮助从北平城往平西根据地运送药品。抗战期间，中国共产党领导的抗日武装在西山与日寇进行了顽强的斗争，留下不少抗战遗迹，这些遗迹构成了一幅波澜壮阔的红色历史画卷。

全国解放前夕，1949年3月中共中央和毛泽东同志从西柏坡进京，进驻香山，这里成为向中国人民解放军发出向全国进军号令和筹划开国大典等重要历史事件的发生地。这里有双清别墅、来青轩等中共中央在香山的革命旧址，今年9月又建成了香山革命纪念馆，它们共同构成香山革命纪念地。香山是承载中国共产党伟大革命精神的重要红色纪念地。

中华人民共和国成立以后，西山具有了彻底的人民性。石景山脚下形成的大型钢铁厂，如今成为重要的工业遗产。山前地区出现了一批优秀的近现代建筑。西山地区集中了全市80%左右承载着丰富民俗文化的传统村落。各类各级风景名胜区、自然保护区和人民公园的建设，推动西山成为北京市民休闲、览胜和度假之地。

北京西山历经沧桑演变，其自然山水生态本底为西山历史文化资源提供了物质基础，留下了宝贵的文化遗产，蕴藏着丰富的首都文化，包括源远流长的古都文化、丰富厚重的红色文化、特色鲜明的京味文化和蓬勃兴起的创新文化，成为北京的生态之基、文明之源、历史之根、文化之魂，是多民族文化交汇融合、兼容并蓄的中华文明源远流长的伟大见证，承载和表征着"天地人和"的中国传统文化价值观，成为北京文脉传承、乡愁寄托的载体，是北京历史文化名城的金名片，是京津冀协同发展的重要纽带。

为了"展西山古今风采，扬中华优秀文化"，北京联合大学应用文理学院、北京学研究基地、三山五园研究院与北京出版集团合作，策划选题，组织地理学、历史学、考古学、城乡规划、汉语言文学等相关学科专业的老师，在所承担各级各类研究课题成果基础上，撰写出版"西山文脉"丛书。本套丛书是北京学高精尖学科建设的阶段性成果，共10册，包括《三山五园（上）》《三山五园（下）》《文化情缘》《名流荟萃》《古刹寻幽》《烽火印记》《古村古韵》《诗文印象》《乌金留痕》《非遗传承》。每册图书平均字数10万字左右，图片100多幅，力求图文并茂，生动有趣，从各个专题的角度，梳理和挖掘西山丰富的文化资源，展示西山深厚的历史底蕴和文化内涵，讲好西山故事，讲好北京故事，让西山文化发展有源、传承有绪。

张宝秀　张景秋

2019年9月

【绪 论】

在经济飞速发展的今天，人们越来越注重文化的价值。文化遗产是文化的载体之一，作为文化之都的北京，它既融汇了传统文化与现代文化，同时它也是中西文化交融的前沿阵地，留存了大量的文化遗产。在新时代背景下，充分发挥这些文化遗产的价值，对于弘扬社会主义先进文化，提升中华民族的素质具有重要的意义。

北京西山优美的自然风光、悠久的历史文化底蕴吸引了古往今来诸多的名流雅士和皇亲国戚流连于此，这些名人史迹为西山赋予了很高的研究和开发价值。诗人徐志摩曾经这样赞美过西山："北京的灵性，全在西山那一抹晚霞。"就连只是在北京短暂停留的文人郁达夫，也曾留下对于西山的描述："秋高气爽，风日晴和的早晨，你且骑着一匹驴子，上西山八大处或玉泉山碧云寺去走走看；山上的红柿，远处的烟树人家，郊野里的芦苇黍稷，以及在驴背上驮着生果进城来卖的农户佃家，包管你看一个月也不会看厌。"

名人史迹是西山文化的一个重要组成部分，西山的名人最早是被这里美丽的自然风景吸引过来的，唐时就有名人来访，金元时期，以皇家为首的群体开始在西山营建庙宇，建设人文景观，延及明清，这一带的寺庙、园林、花园别墅就非常普及了，尤其是清代三山五园皇家园林及别墅的修建，更是为西山增添了人文之美。到了近代，大量的名人来到这里欣赏文物古迹和自然美景，不但留下了吟咏的诗篇，而且还留下了许多有趣的故事，这些都是我们今日追忆西山名人史迹的内容。

本书将西山名人故事的时间段界定在近代，其实自古以来，西山秀美的风光就已经吸引很多文人问津此地，不过本书仅在绪论中对这些历史做一个简单的追溯。

一、历史悠久的西山名人史迹

北京西山山多水多，很早的时候统治者就曾在西山修建寺院，将西山秀美的自然风光纳入佛门清净之地，如此天人合一。始建于西晋的潭柘寺是京西较为古老的寺院之一，有"先有潭柘寺，后有北京城"的民谣。金熙宗完颜亶是第一位到潭柘寺礼佛并留有记录的皇帝。金大定年间，皇太子完颜允恭也来过潭柘寺。《京西揽胜》载："大定年间，皇太子完颜允恭代表其父金世宗（完颜雍）到潭柘寺进香礼佛，当时的住持僧重玉禅师为此特写下了《从显宗幸潭柘》一诗，记述了当年的盛况，后于明昌五年（1194年）镌刻成碑，立于寺中，现此碑犹存，镶嵌于（东路）金刚延寿塔旁的崖壁上。酷爱游山玩水的金章宗也曾到潭柘山来游玩，并在山后'弹雀'，'弹不虚发'，'章宗喜，即行幄为庵，曰雀儿庵'。雀儿庵已于清代荒废，现存遗址。"

金朝统治者迁都北京后，金世宗时还曾出京到张家口坝上草原一带演习游牧民族的游猎风俗，到金章宗时就不出京了，开始将北京西山作为"春水秋山"的目的地，相传他在此处营建了"八大水院"，因此有人称他为"京西旅游第一人"或"京西旅游开拓者"。作为一代王朝的最高统治者，营建西山八大水院既是金章宗对民族游猎地域传统的改造，也是对北京西山秀美风景的欣赏和认同。到了明清时期，京西的人为开发就更多了，人工道路的修建使交通更加便利，从而使得西山的人文内涵激增。

在今门头沟区王平镇"王平古道"的韭园村[1]，有一座坐西向东的四合院，相传是元曲四大家之一的马致远的故居，其门前有小桥流水，因地处偏远，人员往来并不多，秋冬之际的景色与《天净沙·秋思》中佳句"枯藤老树昏鸦，小桥流水人家"的描述不谋而合，只是经过时代的变迁，已无"古道西风瘦马，夕阳西下，断肠人在天涯"的感慨了。

到了清朝，皇帝更加注重对西山的营建，修建了以三山五园为主体的西郊皇家园囿。今日之三山大多数学者认为是指香山、万寿山、玉泉山，在这3座山上分别建有静宜园、清漪园（颐和园）、静明园，再加上附近的畅春园和圆明园，统称为五园[2]。清朝以来对西山的营建不但为西山的自然美景增添了人文氛围，而且还吸引了众多的名人在身前活动于此或者身后长眠于此，为西山增加了历史的积淀。

---

[1] 赵连稳：《京西文化初探》，《北京科技大学学报》，2015年第3期。
[2] 田彩云：《旅游引领三山五园文化保护与发展的对策研究》，《北京联合大学学报（人文社会科学版）》，2016年第1期。

潭柘寺（吕红梅摄）

　　清朝至民国时期，皇家和名流雅士纷至沓来。他们流连于西山的美景，留下了大量吟咏美景的诗词，有资财者更是选择在此修建私宅别墅，作为休闲、度假、避暑之专门场所。这些花园别墅多依托清朝留下的皇家园林建筑，在中国古代传统建筑的基础上，加入了近代西方建筑的风格，中西融合，古今相承，人文气息浓厚。

　　西山也是自古以来的丧葬佳地，很多名流雅士选择将西山作为死后的栖身之地，这样的传统或者说习俗延至中国近代，名流雅士之墓也成了西山一景。

西山的美景引来名流荟萃，例如，清末在民间享有较高知名度的纳兰性德、曹雪芹，以及国际友人贝熙业等。康熙二十三年（1684年），康熙皇帝在清华园废址上修建了北京西郊第一处离宫——畅春园。作为康熙皇帝的重臣，同时又是满族出身的纳兰明珠也在畅春园旁修建了自己的休闲园林。纳兰性德是纳兰明珠的长子，也是康熙皇帝的御前侍卫，他所居之渌水亭应该也在西郊。关于渌水亭之所在，学界有3种意见：京城内什刹海畔、西郊玉泉山下、其封地皂甲屯玉河之滨。笔者以为第二种说法准确，有《渌水亭》一诗为证："野色湖光两不分，碧云万顷变黄云。分明一幅江村画，着个闲亭挂西曛。"纳兰性德的诗词在后世享有盛誉，其生前最后几年的活动范围以西郊渌水亭为主，可以算是西山名人之一了。

曹雪芹出身于清朝内务府正白旗包衣世家，13岁以前在南京过着锦衣玉食的生活，家道没落以后来到北京，晚年移居北京西郊的香山脚下，虽然不是追随皇家之气而来，但是清朝政府对香山的营建也为他提供了一个优美的生活环境。曹雪芹在香山脚下完成巨著《红楼梦》已为学界所共识。曹雪芹在家道中落以后生活困苦，其友人敦诚曾作《寄怀曹雪芹（霑）》一诗安慰他："劝君莫弹食客铗，劝君莫叩富儿门。残羹冷炙有德色，不如著书黄叶村。"意思是让曹雪芹远离政治旋涡，安心著书。黄叶村现位于香山植物园内，是北京纪念曹雪芹的主要地点之一。这位"生于繁华，终于沦落"的一代文豪，西山见证了他创作的过程和生活的艰辛，也算是西山的一大幸事。

西山晴雪碑（香山公园武立佳提供）

　　在清朝，西山还是许多名人身后的长眠之地，清朝的大臣、王爷之中就有不少人葬在西山，如纳兰性德家族墓就在今海淀区的上庄附近。在西山脚下的门头村，有清朝开国功臣之一的代善及其家族之墓。代善在清朝建立的过程中立下了赫赫战功，在皇太极死后顺治即位的过程中，也为稳定清初的政局做出了贡献，是清朝建立之初的重臣之一。西郊北安河西北还有七王坟，即道光帝的第七子醇亲王奕譞的墓地。

二、近代名流荟萃的西山

本书主要介绍了近代西山一带的名人及史迹。中国近代，社会政局动荡不安，新旧思想交替，这使得人们的思想有了很大的变化，各种文化思潮的兴起涤荡着人们的心灵。在风起云涌的京城西郊，西山也见证了这样的一个历史时期，城内的人们也需要借助西山的美景来放松他们的身心，新学科的引入使西山成为他们从事科学或研究的一个阵地。这一时期实业的兴起使更多的人有财力在西山兴建别墅、创办工厂、开展慈善事业等。这些变化使得西山与近代名流互相影响，互为因果，共同谱写了近代西山的名流荟萃。

首先，在近代，新式学堂或大学落户西山，引来了大批有着各式新思想的文人们，他们为中国社会思潮的变革和知识的普及做出了巨大的贡献，而海淀区则有幸成为北京城大学文化的聚集地，以燕京大学（后来的北京大学）和清华大学两所高校为中心的高校群吸引了大批的文人学士聚集于此，西山文化的内涵在此时变得无比丰富。民国时期，燕京大学曾经驻留过茅盾、沈从文、蔡元培、胡适、徐志摩、李四光、周作人、林语堂、季羡林、李石曾、林巧稚、梁漱溟、朱光潜、郭永怀、汤用彤、金岳霖、蒋梦麟、冼星海、刘哲、黄侃、陈寅恪、刘文典等著名的，各个学科、行业的大师，他们对这一时期的文化、经济、教育、科技等的发展做出了巨大的贡献。清华大学更是群贤毕至，这些在文中会有详细的介绍。

除了这些国内的名人，西郊的风景还吸引了国际友人的驻足，他们也为西山留下了宝贵的文化遗产，譬如法国友人贝熙业及其遗留的文化遗产——贝家花园。贝熙业在抗日战争期间，以70岁高龄冒着生命危险为中国的抗日将士运送珍贵的药材，为中国抗日战争的胜利做出了积极的贡献。

追溯中国近代西山的名人史迹，大致可以分为以下几类。

一是被西山优美的自然风光和丰富的人文内涵所吸引，前来游玩、休闲的名流雅士。西山拥有着优美的自然风光，尤其是春季的西山，山花烂漫，既有大觉寺的玉兰花，又有西山的杏花满山，吸引了各界名流来此踏青赏玩，有的还留下了诗文。西山寺庙众多，也便于留宿，慕名而来的名流们也可以在此抒发自己或喜悦或悲伤的情怀，此类名人如胡适，梁思成、林徽因夫妇，老舍，冰心夫妇等。

二是从西山一带走出来的社会名人，如"单弦大王"荣剑尘、作家穆儒丐等。

三是工作在西山一带的名人，以清华大学和北京大学为主要阵营，这一时期清华大学的教授们个个堪称大师，他们的工作、休闲都在北京西郊，是浓厚文化氛围的主要缔造者，拥有"清华四大导师""五星聚奎"等称号的学者、大师们均在此列。

四是在西山一带从事教育、慈善、医疗、创办实业等工作的名人。教育界名人熊希龄创办了香山慈幼院，以慈幼院为中心又吸引了其他社会名流来此帮忙或修建别墅，留下了很多足迹；慈善人士祁国栋在海淀镇发展慈善事业，这也是民国时期北京慈善事业的重要组成部分；朱东海在玉泉山创办的公司也是近代实业发展的缩影；"白喉救星"明柳泉大夫在西郊治病救人；画家金勋留下了圆明园绘制图等。这些名人及其传记都是西山的历史财富。

五是选择在身后栖身于此的名人。自古京西多古墓，许多名流选择身后埋葬于此。西山附近有几个著名的陵园，比如万安公墓内有冯友兰、朱自清、王力、戴望舒、李广田、萧军、夏鼐等名家的墓园；金山陵园有齐白石、王洛宾的墓园；福田公墓有王国维、钱玄同、俞平伯、余冠英、钱三强、汪曾祺等的墓园；八宝山革命公墓有柳亚子、徐悲鸿、闻一多、老舍、梁思成、林徽因、李可染等名人埋葬于此。虽然这些名流中有的生前未曾来过西山，但他们选择死后栖身于此，也为西山增添了许多人文色彩。

梳理这些名人史迹，对于挖掘西山的历史文化内涵具有重要的意义，这些名人史迹不但可以丰富西山的文化内涵，让更多的人了解西山的历史，而且还为我们今后如何利用和宣传、保护这些名人史迹，提供了历史资料，这些内容将在本书一一陈述。

吕红梅

2019年9月

名流荟萃

第一章　近代文化名流的西山情缘

自金朝的八大水院开始，西山一带的自然风光便增添了人文底蕴，吸引了历代名流雅士往返于此。他们或有幸出生于此，成名于此；或被西山的美景吸引前来，留下墨宝；或前来探寻西山的前代史迹，为后世留下宝贵的历史资料；或生前无暇来此，而选择身后长眠于西山的丛林山坳之中……总之，西山的人文气息因为这些文化名流的聚集而更加浓厚。在进行西山地区建设的今天，近代的文人雅士不失为一股夹在西山微风中的清流，为其带来了具有历史感的文化气息。

西山的美景在四季，春日山花烂漫，衬以北京的蓝天白云，让人尽知春之希望；夏日树木成荫，凉爽无比；秋日色彩绚丽，是北京色彩最丰富、最绚丽的地方；冬日，西山晴雪是著名的燕京八景之一，更是胜过很多美景。西山的美景在民国时期尚未有太多人文介入的时候，应当比现在多了些野趣，更是民国文人名家纷纷向往之地，他们除了在此欣赏美景之外，之前遗留的人文景观也是他们探幽的重点。在欣赏美景、探寻历史之余，他们又在西山留下了自己的足迹，为我们今日之追寻增加了许多内容。丰富的历史与人文景观和西山名流荟萃互为因果。

西山的人文内涵和自然景观吸引了许多近代的文化名流，其中有一些人活跃在西山，为西山的文化发展做出了巨大的贡献，而且有人还在西山选定了家族墓园，又为西山的丧葬文化提供了可供研究的文化遗产，梁启超家族的西山墓园就比较具有代表性。梁启超任教于清华大学，工作在西山，其子梁思成及夫人林徽因也任教于清华大学，而且还曾多次赴西山调研古建筑。

西山春日（吕红梅摄）

一

近代大师梁启超家族的西山之缘

　　梁启超是中国近代历史上非常有名的人物，他字卓如，一字任甫，号任公，又号饮冰室主人、饮冰子、哀时客、中国之新民、自由斋主人。清朝光绪年间，他参加了科举考试，中了举人，之后他苦心钻研学问，进而成为中国近代史上著名的思想家、政治家、教育家、史学家、文学家，他是"戊戌六君子"之一。梁启超不但自己取得了事业上的成功，他的子女也在近

代及中华人民共和国的各项事业中各有所成。梁启超一共生有9个孩子，分别是诗词研究专家梁思顺（令娴），建筑学家梁思成，考古学家梁思永、梁思忠，图书馆学家梁思庄，经济学家梁思达、梁思懿、梁思宁，火箭控制系统专家梁思礼（1993年当选为中国科学院院士），其中梁思顺、梁思成、梁思庄为李夫人（李蕙仙）所生，梁思永、梁思忠、梁思达、梁思懿、梁思宁、梁思礼为王夫人（王桂荃）所生。梁启超家族与西山有着不解之缘。这样一个著名的家族，不但在西山留有诸多足迹，而且还在香山脚下选择了一块地作为家族墓地，成为西山名人墓葬的重要组成部分。

水木清华（周怡摄）

（一）梁启超：清华大学导师，包容之始

梁启超进入清华大学之后，清华大学的"三巨头""五星奎聚"都要

算他一个，可见他当时在清华大学、北京及整个文化界的地位了。梁启超担任清华大学导师，为清华大学的发展出谋划策，做出了很多贡献。

当时学界对清华国学院寄予厚望，因为这是清华学堂开办国学研究院的第一年，对中国教育界来说是一个创举。鉴于当时的社会思想动态，在新旧思想交锋的形势下，国学研究院的基本观点是想利用现代的科学方法整理国学。"那时华北的学术界的确是很活跃的，不但是纯粹的近代科学，如生物学、地质学、医学等均有积极的研究工作表现，受人重视，就是以近代科学方法整理国故为号召，也得到社会上热烈的支持。"[1]梁启超正是在这样一种大的社会环境下进入国学院的，虽然生活上恰逢妻子病逝，但他还是全身心地投入到国学院的事务中，他说："研究院事属草创，开学前有种种布置……院事由我提倡，初次成立，我稍松懈，全局立散，我为自己信用计，为良心命令计，断不能舍此就彼，此事实上无可如何，实辜负盛意。"[2]在清华国学院任职期间，梁启超所参与的学术和教学活动繁多，这在他此间致亲友的信中时有反映："校课甚忙——大半也是我自己找着忙……新编得讲义极繁难，费得脑力真不少。""吾日来之忙，乃出情理外……但此乃研究院初办，百事须计画，又加以他事，故致如此耳。十日半个月后当逐渐清简，汝等不必以我过劳为虑也。""每星期大抵须在城中两日，余日皆在清华。"（均见于《梁启超年谱长编》），忙得超出情理之外，可见梁启超对国学院事务的操劳程度之甚。1928年2月，梁启超向清华大学提出辞职，学校挽留之余，梁启超答应只做"通信导师"，其实他的内心非常不舍在清华大学的事业，但无奈身体不好，至6月就辞去了清华大学所有事务。

---

[1] 赖建玲、郑家建：《一样的清华园，不一样的学者——论清华国学院时期的梁启超》，《鲁迅研究月刊》，2011年第7期。
[2] 丁文江、赵丰田编：《梁启超年谱长编》，上海人民出版社，2009年，第622页。

梁启超在清华大学任职期间，为清华史学乃至中国史学的发展做出了巨大的贡献，初步引入了新史学。"梁启超已发表名作《新史学》，正式揭橥'史界革命'……梁在清华的教研活动中，也将自己的新史学理念贯彻于其自己的教研实践中。在国学院毕业生中，有近半数均为其弟子。"[1]

1920年，有感于国内思想界和文化界需要与世界交流和接轨，梁启超与蔡元培、林长民、张元济等人共同在北京成立了共学会，目标是"培养新人才，宣传新文化，开拓新政治"。为了增强与国际的文化交流，共学会决定成立一个与之相适应的组织，这就是讲学社。讲学社成立后，聘请了很多国际大师开展讲座，介绍国外的先进理念，为国人开阔了眼界，传播了新知识。讲学社的董事会皆由当时国内文化界的名流组成，如蔡元培、熊希龄、张元济、张謇、黄炎培、林长民、汪大燮等。讲学社的经费有限，梁启超还要为经费的问题四处游说，并带头将自己的个人财产拿出来。讲学社的主要活动就是请到了当时4位国外著名的哲学家、文学家来讲座，分别是杜威、罗素、泰戈尔、杜里舒。邀请罗素来京讲座时，翻译是赵元任，而泰戈尔来华时，则由徐志摩和林徽因前后陪同。泰戈尔离华后，讲学社解散，一是经费的原因，不足以为继；二是国内当时处在外忧内患的局势下，人民的觉悟还没有发展到进行国外思想交流和接受熏陶的程度，也就是受众不足；三是讲学社的成员迫于国内的局势各奔东西，讲学社日常的维护颇为困难。

"讲学社存在的时间虽短，但产生了巨大的影响。讲学社同仁的功绩有目共睹，梁启超尤其发挥了关键性的作用。无论从讲学社的发起、策

---

[1] 刘红、刘超：《老清华史学共同体之命途——从梁启超到雷海宗》，《清华大学教育研究》，2012年第5期。

划、成立、运作的各个阶段，还是聘请、接待、宣传、经费等诸多环节，梁启超全力参与，几乎达到了事无巨细、事必躬亲的程度。作为讲学社的实际领袖和精神灵魂，梁启超为讲学社做出了至关重要的贡献……更积极推进了中国思想的发展，加强了中外文化的交流。从讲学社的活动来看，讲学社是五四新文化运动时期重要社团的一个典型……"[1]

（二）梁思成伉俪的西山建筑寻踪

梁启超的儿子梁思成是著名的建筑学家，而梁思成的夫人林徽因也是近代史上有名的才女，才子佳人谱写了一段佳话。

梁思成于1915—1923年在北平清华学校（清华大学前身）学习，后从事中国古代建筑研究和建筑教育事业，他的贡献在于系统地调查、整理、研究了中国古代建筑的历史和理论，是这一学科的开拓者与奠基者。

1930年，林徽因在西山疗养，待身体好转后，她又继续投身于建筑事业。西山大量的古代建筑史迹吸引着热爱建筑的梁思成夫妇前来调研，他们的照片和文字资料成为现代研究西山史迹的珍贵资料。1932年10月，梁思成、林徽因对北平郊区古建筑进行考察。他们的目标有西郊卧佛寺、香山法海寺和杏子口佛龛。考察完毕后，夫妇俩合作完成了《平郊建筑杂录》一文，发表在《中国营造学社汇刊》上。梁思成夫妇对西山古寺及建筑的考察，为我们保留了近代西山的珍贵史料。

梁思成夫妇游西山时，法海寺的山门还很完整，东面门额上题有"敕

---

[1] 冉维山：《梁启超与讲学社》，《菏泽学院学报》，2006年第6期

赐法海禅寺"字样，旁边还有"顺治十七年夏月吉日"的小字。西面门额上题着汉、满、蒙3种文字的"唵巴得摩乌室尼渴华麻列吽欼吒"。林徽因在《平郊建筑杂录》中记载了当时看到的景象："因为这寺门的形式是与寻常的极不相同：有圆拱门洞的城楼模样，上边却顶着一座喇嘛式的塔——一个缩小的北海白塔……仰月徽去夏还完好，今秋已掉下……法海寺门特点……主要的却是他的式样与原先的居庸关相类似。从前居庸关上本有一座塔的，但因倾颓已久，无从考其形状。不想在平郊竟有这样一个发现。"现在，西山国家森林公园内的北法海寺已经在修复之中，不日我们就能看到往昔的场景了。而从林徽因的记载中我们也不难发现，两人应该是经常来西山调研兼游玩的，"去夏"与"今秋"，西山风光已有变化，更何况百年后的今日呢？虽我们在尽力对其进行修复，却也已经是"物非人也非"啊……

北法海寺有诸多清朝皇帝的活动记载和墨宝，比如顺治皇帝御笔亲题的"敬佛"二字。据清代史料记载，"扬州八怪"之一的郑板桥曾两次到过西山的卧佛寺和北法海寺，也曾到过西郊的万寿山，当时称为瓮山。郑板桥在西山游玩，留下了《与伊福纳游西山》的诗句，并赞叹西山的美景："红树年年只报状，西山岁岁想同游。"

（三）归葬西山，惠及后人

梁启超家族墓位于今香山脚下的植物园内。墓地占地面积1.8公顷，埋葬着梁启超及两位夫人，其弟梁启雄，其女梁思庄，其子梁思忠、梁思礼。墓园由梁启超长子、著名的建筑学家梁思成设计而成，整体端庄、

肃穆。梁启超及其夫人李蕙仙的合葬墓位于墓园内北墙正中的平台上，墓碑、墓顶及供台衬墙均由土黄色花岗岩雕筑而成，前后连接，浑然一体。墓碑遵照梁启超生前的遗愿，不写任何表明墓主生平事迹的文字。平台下的柏林里，有其弟梁启雄之墓，其子、炮兵上校梁思忠墓，其女梁思庄墓。再往西有一座精美小巧的八角石亭，白色的，四周辟有洞门，周围建有平台。

梁启超家族墓园于1978年2月由其后人梁思庄等无偿移交给北京植物园。植物园接收墓园后，对墓园重新进行了修整、绿化，美化后的墓园恢复了昔日的幽静和肃穆。

梁启超墓（吕红梅摄）

墓园内的石碑（吕红梅摄）

（四）徐志摩：北京的灵性，全在西山那一抹晚霞

说到梁启超家族的西山之缘，不得不提到另一位与梁氏家族有着密切关系，也与西山有着不解之缘的人，那就是徐志摩。他是梁启超的学生，是近代历史上著名的诗人，他曾经赞美过西山的晚霞："北京的灵性，全在西山那一抹晚霞。"此句成为后人吟咏西山之美的"金句"。徐志摩这句话为西山的美增添了更多人文色彩。

徐志摩，浙江嘉兴海宁硖石人，现代诗人、散文家，新月派代表诗人，他的名作《再别康桥》深受文学爱好者的喜爱，1931年因飞机失事遇难。徐志摩在1917年进入北京大学学习时才来到北京，直到他不幸罹难的1931年，一共14年的时间，在北京的时间并不多，其间他多次出国留学，回国期间担任了北京大学的教授，并与胡适、陈西滢创办了《现代诗评》周刊，推动了中国近代文学事业的发展。徐志摩于1925年任北京大学教授，1926年4月担任《晨报》副刊《诗镌》的主编，1927年与陆小曼结婚后移居上海。徐志摩与陆小曼的相识、相恋，都颇具浪漫色彩，北京电视台的一期节目里曾说过"大西山，徐志摩情话的诞生地"。徐志摩在北京居住期间，曾多次到西山观赏美景，并留下诗作，如《默境》，这里节选部分诗文如下。

我友，记否那西山的黄昏，

钝盒里透出的紫霭红晕，

漠沈沈，黄沙弥望，恨不能

登山顶，饱餐西陲的菁英，

全仗你吊古殷勤，趋别院，

度边门，惊起了卧犬狰狞。

墓庭的光景，却别是一味苍凉，

别是一番苍凉境地：

我手别生苔碑碣，看家里

僧骸是何年何代，你轻踹

生苔庭砖，细数松针几枚；

不期间彼此缄默的相对，

僵立在寂静的墓庭墙外，

同化于自然的宁静，默辨

静里深蕴著普遍的义韵⋯⋯

　　1918年，徐志摩在北京大学就读期间，拜梁启超为师。梁启超与徐志摩都是学问上的大家，但二人对待感情的态度却有较大的分歧。为了延续香火，壮大家族，梁启超除了与妻子李蕙仙育有3个孩子之外，与妻子的陪嫁丫鬟王桂荃还育有6个孩子，但这并不能说明梁启超对爱情不忠，他与新时代女性何蕙珍的感情恰巧证明了这一点。1899年，梁启超奉老师康有为之命前往美国檀香山公干，遇到了当地华侨富商的女儿何蕙珍。何蕙珍是一位接受西方教育的新式女子，她的聪慧让梁启超大为心动，并由此写下了表达倾慕之情的诗作。也许是妻子李蕙仙的规劝起了作用，梁启超最终控制住了自己的感情。后来何蕙珍先后两次来到北京表达感情，都被梁启超拒绝了，甚至是在发妻病逝后也没有接受她。这其中也许有别的原因，但我们也可以解读为梁启超对发妻感情深厚，对倡导一夫一妻制尽力遵从。1924年9月，李蕙仙病逝，梁启超写下了《祭梁夫人文》，表达了自己深切的哀思。

西山的黄昏（吕红梅摄）

　　1926年农历七月初七，徐志摩与陆小曼结婚，请梁启超出席证婚。梁启超早就劝过徐志摩，因为"使君有妇"，而陆小曼"罗敷有夫"，并不祝福他们之间的恋情。也许是碍于徐志摩之父和胡适的情面，也许是想借婚礼之际当面斥责，梁启超答应担任两人的证婚人。但在婚礼上，梁启超却对徐志摩、陆小曼的用情不专厉声训斥，使满堂宾客瞠目结舌。徐志摩下不来台，不得不哀求老师"给学生留点儿脸面"。此事有梁启超1926年10月4日的家书为证。信中梁启超谴责了陆小曼是先恋上徐志摩在前，所以离婚行为是"极不道德的"，梁启超是珍惜徐志摩的才气的，苦劝徐志摩如果娶了陆小曼，会"陷于灭顶"，将来会"苦痛无限"，会累死。但徐志摩不听劝，他的人生悲剧被梁启超不幸言中。反观梁思成和林徽因，倒是中国建筑史上的"夫妻档"专家，这与梁启超的告诫和以身作则也有一定的关系吧。

西山之夏（香山公园武立佳提供）

1930年冬，林徽因因病在西郊香山疗养。香山空气清新，绿树成荫，环境清幽，是天然的疗养佳所。清末民初时期，肺结核病流行，当时北京政府陆续建立了疗养机构，其中就包括香山疗养院。林徽因在病中开始写诗，作为当时的名流，她在香山养病，自然会有很多人前来探望，徐志摩是其中来得比较勤的一位。1931年，徐志摩因为要从南京赶来北京听林徽因在北平协和小礼堂为外国使者举办中国建筑艺术的演讲会，但不幸飞机失事，一代才子殒命。

徐志摩罹难之后，他的灵柩最终栖息在了浙江海宁的西山公园内，与他曾经热爱的北京西山不谋而合，也算是对他的一种告慰吧。

二

西山苍苍：清华大学、北京大学的西山流芳

创作于20世纪20年代的清华大学校歌，名为《西山苍苍》，点明了清华大学与今日西山的关系。西山一带吸引民国各路大家前来驻足的除了优美的风景，贡献最大的应该就是清华大学和北京大学两座高等学府了。追溯民国时期的西山名人，这两座学府是无法绕开的重要阵地。

清华大学的前身清华学堂始建于1911年，因坐落于西北郊的清华园而得名（一说因"水木清华"而得名），可以说清华大学是"土生土长"于西山一带的大学，是清政府设立的留美预备学校，于1912年更名为清华学

校，1925年设立大学部，1928年更名为国立清华大学。1937年抗日战争全面爆发后迁址过长沙和昆明，1946年迁回北京，依旧建在清华园。1912—1949年间，清华大学历任的校长有唐国安、曹云祥、罗家伦、梅贻琦等。几任校长都注重学校的发展，苦心经营，造就了今日清华大学的地位。前期学校重在往国外派遣人才，1925年清华国学院成立，引进了梁启超、王国维、陈寅恪、胡适等大学者，清华大学开始转向为国内培养人才，在国内学术界的引领地位逐渐确立，在梅贻琦担任校长的17年间，确定了清华大学著名学府的地位。

同在西山一带的北京大学则属于"后来者"。北京大学于1951年从城内迁来西郊，与燕京大学的校址合并，沿用北京大学的名称，如今人们往往认为它原本就在海淀，其实不然。北京大学的前身是京师大学堂，1912年改名为北京大学。其后，严复、胡仁源担任校长。1916年，著名教育家蔡元培出任校长，"循思想自由原则，取兼容并包之义"，推行改革，自此北京大学成为新文化运动的中心以及五四运动的策源地，学界一般认为蔡元培任校长期间是北京大学校史上的一段辉煌期，"奠定了北大的传统和精神"。1937年抗日战争全面爆发后，北京大学与清华大学、南开大学合并组建国立西南联合大学。1946年回到北平复校。1952年进行院系调整时，校园从北京城内迁至西北郊燕园，其后主体校区就是燕园校区。目前北京大学校内的一些古建筑为民国时期燕京大学的遗迹。燕京大学是近代一所私立教会大学，创办于1919年，由几所教会学校合并而来，1921年在北京西郊购买前清亲王赐园，并请美国人担任设计师，最终建成了近代中国规模最大、名师云集、风景优美的知名大学。

清华学堂正面（周怡摄）

从清华大学、北京大学走出来的名人多为学者，且各有千秋，在近代历史上大放异彩的同时，也为今日北京西山文化的包容、创新奠定了坚实的基础。"据史料记载：1918年统计北京大学教员总数达217人（内含教授90人），学生总数1980人（内含研究生148人），在当时是全国规模最大的大学。所以它容纳着那个时代如此之多的文化精英。难怪有人说：在五四运动以前，北京大学已经成为新文化运动的策源地。"[1]下面我们来了解一下近代清华大学、北京大学的名人，由于这些人当中有的人毕业于清华大学而任教于北京大学，或者与两个学校都有关系，所以干脆就放在一起，作为近代西山文化阵营中一个主要的阵地来进行描述。

（一）蔡元培：思想自由、兼容并包的西山文化开创者

近代西山名流荟萃，有一个人在其中起了很重要的作用，那就是于1916—1927年任北京大学校长、1920—1930年同时兼任中法大学校长的蔡元培，堪称"学界泰斗、人世楷模"。北京大学是西山一带最重要的吸引名人的学术阵地之一，在蔡元培担任校长期间，不但提倡学术自由、思想自由、兼容并包，而且还引进了很多著名的学者，为北京大学乃至西山文化氛围的营造做出了巨大的贡献。

蔡元培于1916年11月从法国回国，同年12月担任北京大学校长。1917年，蔡元培以实际行动支持新文化运动，他采取"思想自由，兼容并包"的办学方针，实行"教授治校"制度，聘请了大量的人才在北京大学任

---

[1] 洪炉：《北大、清华出过哪些"五四"名人》，《今日教育》，2011年第Z1期。

教，这其中就包括了《新青年》的主编陈独秀，他作为文科学长进入北京大学。此外，李大钊、胡适、钱玄同等"新派"人物以及梁漱溟、徐悲鸿等人也在此时来到北京大学任教，这些大师的到来真正使蔡元培提倡的"学术民主"在一定程度上得以实现。蔡元培不拘一格引进大量的人才，比如胡适，为了让胡适符合北京大学人才引进的规定，蔡元培不惜帮助胡适造了个假学历。1920年，蔡元培聘请鲁迅为北京大学讲师，聘书内容如下。

敬聘：周树人先生为本校讲师。

此订：国立北京大学校长蔡元培。

中华民国九年八月二日

因为鲁迅不是专职教师，所以不能被聘为教授，只能做讲师，这与鲁迅在很多作品中提到这段经历时所述的身份是一致的。但相比于鲁迅在中国近代文学史上的成就，即便其被聘为北京大学的教授，也丝毫不为过。鲁迅在此期间受蔡元培的委托，为北京大学设计了校徽。鲁迅设计的北京大学校徽，中间为变形的"北大"二字，整体构成了3个人像，外加圆形边框。"凝聚着鲁迅心血的这枚小小的徽章，也凝聚了他对于北大的希望，对于青年人的生命自由发展的希望。这枚徽章，不仅在很长的时间里作为北京大学学生的校徽，曾佩带于千万个青年人充满青春活力的胸前，至今，它仍然在新生的北大校园内外，闪着特有的历史的光彩。一枚小小的徽章，记录了鲁迅与北京大学之间关系的最初的也是永久的一页。"[1]

[1] 孙玉石：《"民族魂"的精神光辉永照——鲁迅与北京大学》，《江苏师范大学学报（哲学社会科学版）》，1996年第3期。

北京大学（周怡摄）

　　蔡元培对北京大学的学制以及课程修习进行了改制。1917年10月，他提倡北京大学文科专业废除年级制，采用选科制，规定每周1个课时，学完1年为1个单位，本科应修满80个单位，一半必修，一半选修（理科酌量减少），修满即可毕业，不拘年限，选修科目可以跨系。这样的选科制与我们今日大学改革之"学分制""跨专业选课制"有异曲同工之处，但却领先现代大学教育近百年！

蔡元培提倡"思想自由，兼容并包"的思想，并在北京大学的办学过程中付诸实践，而且非常坚定。1918年，他明确指出："大学为纯粹研究学问之机关，不可视为养成资格之所，亦不可视为贩卖知识之所。学者当有研究学问之兴趣，尤当养成学问家之人格。"在行动上，他也与自己的言论一致。五四运动爆发后，蔡元培反对政府逮捕学生的行为，并提出辞去北京大学校长的职务。1919年6月15日，在他发布的《不愿再任北京大学校长的宣言》中说："我绝对不能再做不自由的大学校长：思想自由，是世界大学的通例。"后由于北京大学的师生极力挽留，蔡元培答应只做北京大学师生的校长。五四运动后，蔡元培重新返校，与同人于1920年3月14日游北京西山卧佛寺，并合影留念。

蔡元培还开了我国公立大学招收女生的先例。1920年2月，在他的批准下，北京大学文科第一次出现了女学生的身影，虽然她们是以旁听生的身份进入北京大学的。同年秋季，北京大学正式开始招收女生，这也是蔡元培在教育史上的一大创举和贡献。

蔡元培对于选拔和录取学生并不墨守成规，如果学生有特殊才华，他就会破格录取，这样的做法不但成就了北京大学的人才济济，也为一些为近代文化发展做出重大贡献的人提供了进身之阶，在这一点上，蔡元培可谓功劳巨大。

在蔡元培任北京大学校长期间，曾破格录取了张充和，她的数学成绩为零，因为之前她根本就没有接触过数学，但仅她的文史加英语成绩，就已经超出了北京大学的录取线，当时已经成为文学院院长兼中国文学系主任的胡适出面周旋，提出一定要录取这个学生。

在蔡元培54岁时，时任北京大学校长的他娶了第三位妻子周峻。蔡元培的第一任妻子王昭和第二任妻子黄仲玉皆因病离世。蔡元培在王昭去世

后，曾登出妻子必须满足的几个条件，显示出他对新思想的追求，也令当时的人们眼界大开。他一共提出了5个条件，具体内容如下：

一、女子须不缠足者；

二、须识字者；

三、男子不得娶妾，不能娶姨太太；

四、如果丈夫先死，那么妻子可以改嫁；

五、意见不合可以离婚。

消息传开后，本来纷至沓来为蔡元培说亲的旧式媒人们都被吓住了，她们认为蔡元培娶老婆的标准太不可思议了。符合这个标准的黄仲玉也先于蔡元培去世。蔡元培的第三任妻子周峻，是北京大学的女学生。周峻符合蔡元培第三次择偶的条件：

一、本人具备相当的文化素质；

二、年龄略大；

三、熟谙英文，能成为研究助手。

蔡元培第二次结婚是在杭州，第三次结婚是在苏州，虽然当时他担任北京大学校长一职，但却都是在南方举办的婚礼。周峻为自己的作品《蔡元培半身像》倾注了很多情感，蔡元培在上面题字"惟卿第一能知我，留取心痕永不磨"。

蔡元培提倡的"学术自由"思想为北京文化的兼容并包提供了历史源头，同时也为西山的文化留下了浓墨重彩的一笔。"惟卿第一能知我，留取心痕永不磨"，虽然此诗表达的是蔡元培对妻子的感情和认可，相比于蔡元培对西山、北京乃至中国近代文化的贡献，又何尝不是"留取心痕永不磨"呢！

北京大学未名湖（周怡摄）

（二）胡适与西山：山风，吹不散心头的人影

胡适是中国近代史上著名的学者，他在近代文化发展史上的贡献也是巨大的。1917年，胡适结束了美国的读书生涯，回到北京大学，接受北京大学校长蔡元培的聘任，开启了10年的教书生涯。胡适身居北京大学，也曾多次前往西山，既为赏景，也为借景抒情。胡适在北京生活了18年，他喜欢游览北京的风景名胜，每到一处他都会在日记、书信中留下相关记载。胡适去过的北京风景区有中央公园、北海、城南公园、西山、长城等，其中西山为他常去游览之地。北京大学历史系教授欧阳哲生写道："他去西山的日期并不一定，春夏秋冬四季都留下了他游览西山的足迹。不管是什么季节去西山，胡适对之都有一种愉悦的感受。"[1]

1918年初秋，胡适到西山去的次数很多，一是为了赏西山美景，二是为了借景放松身心，调养身体。胡适曾给他母亲写信说，因为身体的关系，西山空气好，风景好，正好可以休养一下。1918年9月，胡适到香山游玩，住在静宜园，去看了碧云寺。胡适游玩静宜园时，觉得这个园子很大，据记载，他们晚上的时候还出来看了月亮，并赞叹夜色中的香山更美丽。次日，胡适去了邻近的八大处，也就是今日位于北京石景山区的八大处公园。八大处公园与香山距离不算远，胡适骑着驴子，不是很舒服，并感慨瘦人骑驴子更受罪。在西山休养了一段时间之后，胡适觉得身体和精神都得到了恢复。其后，胡适几乎每年都会游西山，并在这里留下了很多珍贵的文字资料。

孔子说过，仁者乐山，智者乐水，这不外乎是古代的思想家、哲学家

---

[1] 欧阳哲生：《胡适笔下的北京风光》，《鲁迅研究月刊》，2017年第3期。

们对于山水寄予了深厚感情的表达。胡适深谙传统文化，自然在风景秀美的西山中，从事了不少学术和社会活动，有时是为了陪同外国友人游览美景，有时是探寻历史的遗迹，兼做一些考古研究，不过也有一次，他游览八大处并夜宿于此，是为了舔舐情伤。

李大钊于1918年1月进入北京大学。1920年3月，李大钊在北京大学组织了马克思学说研究会，这是在为中国共产党的成立做准备。

1920年3月，香山卧佛寺迎来了一批尊贵的客人，这些人都是当时文化界和社会上的知名人士，李大钊、胡适、蔡元培、蒋梦麟（按留影顺序从右至左排序）应邀参加了主题为"北京大学提倡的思想解放运动对宗教信仰持何态度"的会议。会后，他们4个人在卧佛寺合影留念，这张合影照是无比珍贵的。

卧佛寺1（周怡摄）

1921年端午时节，胡适应蒋梦麟的邀请再次来到西山，这一次的游玩带有排忧解闷之意。此时蒋梦麟正在主持北京大学的校务，忙得焦头烂额，请胡适来西山也有聊天排解忧愁之意。他们在八大处脚下畅谈许久。同年6月中下旬，胡适与陶孟和又来到西山，这次先去了颐和园，之后又到静宜园吃饭，然后游览了香山，参观了香山慈幼院，并夜宿八大处。同年10月，胡适参加了香山慈幼院开院一周年纪念活动，因为胡适与香山慈幼院的创办者熊希龄关系很好，他还担任了慈幼院的评议员，这次来到西山，他游览了八大处的秘魔崖。过了几日，胡适与朱经农陪同美国旧金山商会游历团一起参观了香山慈幼院和碧云寺。胡适认为秋天的香山层林尽染，尤其是银杏树的叶子开始发黄，在阳光的照射下闪闪发亮，风景之美丽让人难以用语言来形容，想作一首诗，竟然沉醉在美景中，作不出来。因10月连续游览西山，竟让胡适的身体好了起来，可能是风景美，令人的心情十分放松，再加上适度的登山锻炼，胡适自述脚上的肿消了，身体也好了很多。

时隔半年后，1922年3月，胡适又来到香山。这次他是想寻访辽代的皇坟遗址，但并未找到。当年的雨水比较多，满眼的绿色盖住了山体，胡适与同伴们都非常惬意地欣赏了绿色的西山。

然而1923年一个冬夜的出游则显得有些伤感了。他写下了《秘魔崖月夜》一文，为我们揭示了他的伤感之情。

　　　　　翠微山上的一阵松涛，
　　　　　惊破了空山的寂静。
　　　　　山风吹乱了窗纸上的松痕，
　　　　　吹不散我心头的人影。

香山碧云寺（香山公园武立佳提供）

胡适夜宿八大处，听着深夜的山风，伤怀自己的爱情。这里不得不回顾一下胡适与其表妹曹诚英的一段感情。二人生情之时，胡适已是使君有妇。但1923年的7—8月，二人在杭州西湖边度过了一段快乐的日子，而回到北京的胡适苦于家庭的约束，来西山散心，可惜，西山秀美的风景也难以慰藉他的心。曹诚英只能是他生命里的一个过客，在留下一段美好的可供追忆的岁月之后，两个人只能各奔西东。

1930年中秋节，胡适与任鸿隽、陈衡哲一家同游西山。任、陈夫妇是胡适从上海"挖到"北京的。几个人翻了不少山路，爬到了老虎山顶。趁着月色登山、畅聊，想想都是一幅快意的画面。胡适作诗一首，说自己许久都没有看到过这么大的星星挂在天空了，他感觉到西山的星星离人特别近，当风吹过山坡的时候，白杨树的叶子哗哗地响，就像是雨滴落在满天

的星光里。总游西山的胡适也遇到过雨中登山的景致，并认为雨中赏景在北方的春天不可多得，更是珍贵，景色也更美。

1934年在游览完西山之后，胡适在回程的路上专门去凭吊了李大钊，李大钊和夫人都安葬在万安公墓，胡适是第一次到这里来凭吊，之后还嘱咐蒋梦麟别忘了再给补个碑。当天随行的章希吕也留有日记，他也提到了万安公墓内的李大钊墓。

胡适最后一次去香山可能是在1937年1月，因为1月北京的天气还很冷，所以这次去香山，活动安排得比较少。

西山的风景吸引了胡适，而胡适的笔耕不辍又记录下多次前往西山的随行者及所见风景，为我们今日研究西山的名人史迹提供了珍贵的历史资料。

碧云寺的石雕（香山公园武立佳提供）

八大处秘魔崖（吕红梅摄）

在今海淀区四季青镇普安店村有个妙云寺，小小的寺庙先后有多位名人驻留此地。清朝纂修四库全书时，编纂地点设在了圆明园的文渊阁，刘墉住在东城的礼士胡同，往返太辛苦，于是出资买下了位于西山的妙云寺（四季青镇）。刘墉在此居住期间，写下了"闲中览伴书为上，身外无求睡最安"的诗句，表达了在妙云寺的闲适之情。刘墉离开之后，这里被赐给山东巡抚贵泰作为家庙。据说是因为乾隆皇帝认为贵泰原来选的玉泉山静明园西侧的家庙风水太好，怕冲了皇家吉瑞，因此给他换了地方。到了1904年，贵泰的后人将这里卖给了清末最后一任驻藏大臣张荫棠，张家将这里改成了别墅，称为"石居"。1924年，胡适与友人同游西山，在"石居"别墅吃晚饭并赏月。在历史上，吴佩孚、于右任、熊希龄、蒋梦麟等人均在此短暂停留过。现在妙云寺是海淀区级文物保护单位，但并未对外开放。

（三）王国维：人生只似风前絮，化作清漪一缕魂

王国维是浙江海宁人，字静安，晚号观堂，谥忠悫，是海宁四才子之一（其余3个人为陈守谦、叶宜春、诸嘉猷）。王国维自小受到父亲王乃誉的影响，爱好比较广泛，除了精读传统文化的书目，他对近代先进的科学文化知识和维新思想也有所涉猎，可谓博览群书，学贯中外。后来他赴日本留学，从日本留学归来后，他在罗振玉创办的《教育世界》上发表了大量译作，之后又担任了该刊的主笔和代主编，通过该刊物，他向民众介绍了大量近代西方学人物，同时还将国外的科学、哲学、教育学、美学、文学等领域的先进思想引入了中国，丰富了中国的学术思

想。他在国学和甲骨文、美学等领域也颇有造诣，对中国学术界而言具有非常大的影响力。

王国维从日本回国后，先在上海工作，1921年，马衡受北京大学的委托请王国维来北京工作，被王国维拒绝。1922年，王国维答应无偿担任北京大学研究所国学门通讯导师。1923年他来到北京，充任逊帝溥仪的南书房行走。冯玉祥发动"北京政变"后，王国维辞职并与罗振玉等相约投河自尽，因家人劝诫而未果。1925年，王国维受聘任清华大学研究院导师，教授古史新证、尚书、说文等。王国维的到来，使得"五星聚奎"的导师阵容得以形成，其余4位导师分别是梁启超、陈寅恪、赵元任、李济（也有人说是吴宓）。这一时期，中国历史巨变频仍，一代国学大师虽身在清华园里教授传统文化知识，但却免不了受政治大局的深刻影响，就连就任清华大学研究院导师一职，王国维也是请示了逊帝溥仪的，也许在王国维的心中，虽然接触了那么多新思想和新学说，但是以"皇帝"为代表的封建伦理道德体系依旧是他行事的最高标准。王国维虽然在北京只待了短短5年左右的时间，但却为中国传统文化的研究做出了巨大的贡献。作为近代到现代中国著名的学府之一，清华大学也因为王国维的曾经驻足而生辉，这段历史对于今日我们研究西山文化名人而言，更是增添了一抹金色。

王国维在近代的历史巨变里，学术成果频出，其内心世界更是丰富，世人奉为金玉良言的"学问三境界"就出自王国维所著的《人间词话》。

"古今之成大事业、大学问者，必经过三种之境界：'昨夜西风凋碧树，独上高楼，望尽天涯路。'此第一境也。'衣带渐宽终不悔，为伊消得人憔悴。'此第二境也。'众里寻他千百度，蓦然回首，那人却在灯火阑珊处。'此第三境也。此等语皆非大词人不能道。"

清华大学王国维碑正面（周怡摄）

这几句词分别出自晏殊的《蝶恋花》、柳永的《蝶恋花》和辛弃疾的《青玉案》。随着时代的发展，"三境界"的使用范围越来越广泛，在人生经历苦难和挫折的时候，坚守自己的信念，不放弃奋斗与努力，才能换来"灯火阑珊"的未来。但王国维自己未能承受住时代变革所带来的心理压力，在此摘抄一小段词作，作为引出大师在1927年自沉的引子吧。

《采桑子》："人生只似风前絮，欢也零星，悲也零星，都作连江点点萍。"

在浩瀚的历史长河中，人是渺茫的，纵使欢悲，都如浮萍，终究抵不过时代的巨浪。王国维想拼尽全力维护的时代一去不复返了，在这样的绝望面前，还有什么事能让人继续活下去呢? 1927年6月3日（农历五月初四），上海《申报》电："昨清华教授王国维在颐和园投河而死。"

王国维选择在一个夏日离世而去。1927年6月1日中午，他还参加了清华大学国学研究院毕业生在学校工字厅举办的导师宴会，其间并没有什么异常，与一众师生谈笑风生。下午的时候，他到了陈寅恪处与他聊了一会儿天，这些都与平时王国维在清华大学的活动没有什么区别。傍晚的时候，王国维在家里的书房里接待了姚名达、朱广福、冯国瑞等本届毕业生，畅聊许久。晚饭后，又有毕业生刘节、谢国桢与王国维聊天，师生谈及时局，王国维的神色黯然，学生们听出了他有隐世避居的意思。第二天，王国维正常到学校上班，还评阅了学生的考试试卷。其后，王国维向研究院的秘书借了5元纸币，雇了学校里的洋车前往颐和园，只是此行非同寻常，他不是去赏景，而是去寻死。11点前后，他在颐和园鱼藻轩自投昆明湖，一代大师陨落于北京西郊。

王国维在投湖之前的行为一切正常，因此对于他轻生的原因，多年来

一直众说纷纭，莫衷一是。王国维生前与陈寅恪的关系非常好，二人的交流也多，陈寅恪以"殉清"论和"文化殉节"说来解释王国维的自杀："凡一种文化值衰落之时，为此文化所化之人必感苦痛，其表现此文化之程量愈宏，则其所受之苦痛亦愈甚；迨既达极深之度，殆非出于自杀无以求一己之心安而义尽也。"[1]陈寅恪的说法认同者非常多，也有一些人研究认为，王国维与其亲家罗振玉的关系，也是促使他走向自杀之路的一个因素。

王国维死后，被安葬在清华园东西柳村。在他逝世一周年之际，清华大学在校园内工字厅东南侧为其立碑纪念，即海宁王静安先生纪念碑。纪念碑由梁思成负责设计，陈寅恪撰写了碑文，林志钧、马衡分别书丹和篆额。时至今日，90多年过去了，纪念碑历经岁月的洗礼，依旧静静矗立在清华园中，凝视着校园。

一代宗师，几经辗转，最终长眠于西山清华园中，这也是西山之幸。后来王国维的墓地被移至福田公墓，这些内容将在本书后面的章节中详细介绍。

（四）陈寅恪：读史早知今日事，看花犹是去年人

与国学大师王国维"过从甚密"，同样在中国文化史上留有盛名的名人，还有近代驻足西山清华园的一代史学大师陈寅恪先生。1926年，36岁的陈寅恪与王国维、梁启超同时受聘为清华大学研究院导师，世人将这3个人并称为"清华三巨头"。作为在日本、德国、瑞士、法国、美国等国家

---

[1]　王明辉：《"西学"之于王国维》，《人间》，2016年第1期。

学习和游历过的学者，陈寅恪其后的学问爆发力也是惊人的，清华园中的导师们各有千秋，陈寅恪担当的就是"史学大师"的角色。

在清华园任教期间，陈寅恪也喜欢西山的美景，曾在1935年、1936年两度赴位于今天海淀区挂甲屯村的吴氏花园（今为海淀区重点文物保护单位）游玩。吴氏花园又称吴家花园，原是清代一座规模不大的皇家赐园——承泽园西面部分，与蔚秀园无关。民国时期，承泽园被一分为二，其中西面部分在北洋政府当政时期被卖给吴鼎昌。承泽园其余部分则于1920年被奕劻长子载振卖给同仁堂乐家。在北平和平解放初期，同仁堂乐家又将承泽园卖给在燕京大学国文系任教的张伯驹。张伯驹在承泽园住了4年，又将其转售给北京大学。但凡学者游玩，总是会有诗作问世的。陈寅恪两次游历西山，写下了《燕京西郊吴氏园海棠》二首，咏景又抒情，情中又掺杂了人事与心境。陈寅恪一生比较喜欢海棠，写过不少咏海棠的诗，《燕京西郊吴氏园海棠》是其诗集中歌咏海棠花最早的两首。

其中一首原文如下："此生遗恨塞乾坤，照眼西园更断魂。蜀道移根销绛䭉，吴妆流昄伴黄昏。寻春只博来迟悔，望海难温往梦痕。李德裕谓凡花木以海名者，皆从海外来，如海棠之类是也。欲折繁枝倍惆怅，天涯心赏几人存。"

另外一首原文如下："无风无雨送残春，一角园林独怆神。读史早知今日事，看花犹是去年人。梦回锦里愁如海，酒醒黄州雪作尘。闻道通明同换劫，绿章谁省泪沾襟。"[1]

---

[1] 陈寅恪著：《陈寅恪集·诗集（附唐筼诗存）》，生活·读书·新知三联书店，2009年版，第22页。

　　陈寅恪的海棠诗在吟咏海棠的同时，还有对国事的感慨与忧虑。20世纪30年代的中国，日本帝国主义的侵略野心已经非常明显，并且在逐步付诸行动，不断挑起各种大小事端，陈寅恪以历史学家的眼光，深知战争对于民族和国家的危害，于是说"遗恨塞乾坤"，他借海棠之典故，表达出了自己对国家和民族即将要深陷于战争的忧虑和担心。

　　此时陈寅恪仍执教于清华大学，并于1935年初自照澜院（南院）2号搬至两年前清华大学新扩建的西院36号居住，居住条件得到了进一步改善。因其居住地距吴氏花园很近，故多次与友人吴宓等赴园游赏。《燕京西郊吴氏园海棠》二诗作成之后，陈寅恪于1936年7月6日将其赠予吴宓。

　　除了吴氏花园，陈寅恪也多次游览过北京西山的大觉寺，有一次还巧遇了现代作家、学者许地山。据说陈寅恪在大觉寺的大雄宝殿参观时，看见一个人攀缘在屋栋之上，细心察看钻研，待那个人下来之后，方知是许地山。

　　陈寅恪最终于广州去世，他的后半生也多在花城度过，并拥有巨大的史学成就，他在清华大学的足迹也为我们今日挖掘西山文化名人提供了一个重要的内容。

（五）朱自清：但得夕阳无限好，何须惆怅近黄昏

　　很多人知道朱自清是源自小学时期语文课本中的《背影》一文，朱自清用细腻的文笔描述了那个慈爱又不善言语的父亲，唤起了多少人内心对于亲情的回忆与体味。朱自清的作品《匆匆》《背影》《荷塘月色》《桨声灯影里的秦淮河》也都被收录到中学的课本中，这些优美的文字伴随着很多人度过了郁葱、鲜活的童年和少年时期。

清华大学莲桥（周怡摄）

　　朱自清先生1916年进入北京大学读书，1920年提前毕业后，先后执教于杭州和扬州，于1925年回到清华大学执教，任中文系教授，开始从事文学研究，在创作方面则以散文为主。1932年开始担任清华大学中国文学系主任。

　　1930年，在清华大学著名历史学家顾颉刚教授的介绍下，与陈竹隐女士在西山相识。此时的朱自清是一个带着几个孩子的清贫大学教授，而陈竹隐才是一个20多岁的青年才女，朱自清的才气吸引了陈竹隐，使她甘愿

为了朱自清放弃自己的事业,过上从一结婚就变成了几个孩子妈妈的生活。二人在确定关系以前相约游北京西山,看到满山的红叶,陈竹隐随口吟出了杜牧的诗句:"停车坐爱枫林晚,霜叶红于二月花。"朱自清则即兴改了一首唐诗:"枫叶罗裙一色裁,芙蓉向脸两边开,乱入林中看不见,闻诗始觉有人来。"通过诗的传情达意,二人更加心意相通了。他们于1932年结婚。

婚后,夫妇二人曾多次与朋友们结伴游览西山大觉寺。1934年4月17日,俞平伯与陈寅恪、朱自清夫妇同游大觉寺,还一起骑驴到了管家岭。从大觉寺至管家岭一路风景秀美,杏花满山,让人心旷神怡。陈寅恪对西山杏花情有独钟,多年以后,他还跟好友吴宓盛赞大觉寺的杏花之美,他认为黄浚的诗在描写大觉寺杏花方面最有韵味:"绝艳似怜前度意,繁枝犹待后游人。"

朱自清非常喜欢大觉寺里的玉兰花,曾作打油诗一首,内容如下。

> 大觉寺里玉兰花,笔挺挺的一丈多;
> 仰起头来帽子落,看见树顶真巍峨。
> 像宝塔冲霄之势,尖儿上星斗森罗。
> 花儿是万枝明烛,一个焰一个嫦娥;
> 又像吃奶的孩子,一支支小胖胳膊,
> 嫩皮肤蜜糖欲滴,眨着眼儿带笑涡。
> 上帝一定在此地,我默默等候抚摩。[1]

---

[1] 谢保杰:《故都古刹与文人面影——民国作家与北京寺庙印象》,《北京观察》,2007年第4期。

西山的玉兰花（吕红梅摄）

朱自清先生于1948年8月逝于北京，就葬在香山脚下的万安公墓。在他去世前，还嘱咐家人，宁可饿死，也不买配售面粉。毛泽东曾称赞他的这种傲骨，表现了中华民族的英雄气概。

唐人李商隐的两句诗"夕阳无限好，只是近黄昏"流传广泛，朱自清也非常喜欢这首诗，为了表达一种积极、乐观的生活态度，他将其改为"但得夕阳无限好，何须惆怅近黄昏"，并压在自己书桌的玻璃板底下，用以自策。对于我们这些生活在经济和社会飞速发展中的当代人，这又何尝不是一句极有意义的自勉之语呢！

清华校园内的朱自清像（周怡摄）

（六）冰心：一日的春光在西山

冰心是中国著名的诗人、作家，她精通儿童文学、散文等文体的写作，同时又是活跃于近现代中国社会的社会活动家、翻译家。她于1999年2月在北京去世，被称为"世纪老人"。冰心原名谢婉莹，冰心是其笔名，取自诗句"一片冰心在玉壶"。冰心曾在燕京大学和美国威尔斯利学院读书，获得文学硕士学位后回国，从事教育和写作工作，先后在燕京大学、北平女子文理学院和清华大学任教。

1929年6月，冰心与吴文藻结为伉俪，婚礼在燕园的临湖轩举行，婚礼结束后，夫妇二人来到西山大觉寺，将新婚洞房设在了大觉寺的一间禅房内。以她们二人的经济条件，挑一个高级宾馆做洞房更符合当时人的消费观念，但才子佳人的组合总是会做出一些别出心裁的选择，冰心在大觉寺租了一间禅房作为新房，别具一格。晚年的冰心在回忆录中也提到了这件事，可见是女作家有意为之。大觉寺的清幽和美丽的自然风景让人陶醉其中，使人远离城市的喧嚣，获得一种返璞归真的愉悦感。

吴家花园的海棠在民国时期很有名气，冰心也曾与朋友相约来此看海棠花。冰心在《一日的春光》中记载了这件事，女作家看待世界的眼光终究柔和许多，在冰心的眼里，有海棠花的美丽和春日的明媚，倒没有史学大师的忧思。1936年4月30日的下午，冰心应朋友之邀到挂甲屯吴氏花园看海棠，当时天气晴朗，冰心又素来喜欢海棠花，于是欣然前往。在以后的追忆中，冰心也认为那日的春光，是她一辈子里最美的一次。

冰心用她细腻的文笔描述了对海棠花的喜爱，因为苏轼也写过海棠，且认为海棠无香，是一个缺憾，而冰心则认为无香最妙。吴氏花园怀馨堂前的海棠共有4棵，大的高出堂檐五六尺，上面开满了娇艳玲珑的花朵，海棠花很密实，于是冰心用了"乱哄哄"一词，让人感觉到花开得好热闹。

西山的海棠花（吕红梅摄）

（七）吴宓：金钱名誉不足云，情落西山无处寻

民国初年，陈寅恪、汤用彤、吴宓同在哈佛学习，因三人皆才学出众，所以被并称为"哈佛三杰"。

吴宓是清华大学国学院的创办人之一，也是著名的西洋文学家、诗人、国学大师，被称为中国比较文学之父。吴宓本名吴玉衡，乳名秃子。他于1911年来到北京，考入北京清华学校（今清华大学前身）留美预备班，当时学校是用美国退还的庚子赔偿款创办的，因而校中师生讲的全是英语，唱的是美国歌，美国史和美国公民学也被列为正课。1921年，吴宓留学归国，1924年主持清华大学国学研究院。在此期间他对中国高等教育做出很大贡献，其一就是吴宓按照哈佛大学的方案创办了清华大学外文系。吴宓明确了外文系培养人才的目标，并聘请了知名学者担任教师，使外文系很快成为国内一流的科系。吴宓在清华大学任教的时间并不是连续的，但他在清华大学期间，招揽了不少大师级的人才。吴宓特别爱才，他对每一个他认为有才能的人可谓费尽心思，譬如当时为了让陈寅恪进入清华大学教书，他在1925年4月27日的日记中写道："介绍陈来，费尽气力。"

作为清华大学的一员，吴宓自然少不了到西山赏玩美景，譬如前面讲述的与陈寅恪夫妇到吴氏花园看海棠、到西山卧佛寺赏景等，都少不了吴宓的身影。

吴宓是个多情的才子，他与陈寅恪是好友，陈寅恪的爱情观，也正是通过吴宓的日记才为世人所知。吴宓在日记中记述了陈寅恪"五等爱情观"：第一等的例子是《牡丹亭》中的杜丽娘，凭空设想了一个完美的爱人，世上找不到却为他痴守一生；第二等是贾宝玉和林黛玉的爱情，有爱

而无性，未嫁的忠贞女子也可归入此类；第三等是有一度枕席之欢，便永久不忘，举例是《红楼梦》里的司棋和潘又安；第四等就是夫妻终生相伴而无外遇者；最次的第五等爱情是随便结合，唯利是图，都称不上有情。吴宓的爱情似乎哪一种都沾了一点儿，令人不敢恭维。

吴宓的"情落西山无处寻"指的是他与毛彦文的爱情。因为毛彦文后来嫁给了熊希龄，并在香山慈幼院协助处理相关事务，此后这两个人便与西山有了联系。

吴宓与毛彦文的爱情，恰巧验证了中国的一句俗语："媒人跳进花轿里。"在吴宓与第一任妻子陈心一第一次见面时，毛彦文作为陈心一的好友正好也在场，吴宓虽对陈心一没有什么不满，但内心却更喜欢开朗、美丽的毛彦文，而且他早就在毛彦文表哥兼未婚夫朱君毅的情书往来中了解了毛彦文的才情。其后吴宓与陈心一结婚并生了3个女儿，而毛彦文的婚恋却不顺利，她违抗了父母为她订的婚事，达成了与表哥朱君毅订婚的心愿，而朱君毅却在南京大学任教时提出解除婚约，理由是近亲结婚会对后代有损。痴心守候6年的毛彦文未料到痴情错付，委托吴宓夫妇代为请求也未能换回朱君毅的心。在这样的情景下，早年埋在吴宓心中的情种倒是发芽了，吴宓不顾自己有妇之夫的身份，公开向毛彦文表达了自己的感情。吴宓的行为导致他7年的婚姻破碎了，由此开始苦追毛彦文，后来毛彦文接受了吴宓的感情，但吴宓此时又不想结婚了，对此毛彦文很伤心，曾对吴宓哭泣，吴宓在日记中这样记述："是晚彦虽哭泣，毫不足以动我心，徒使宓对彦憎厌，而更悔此前知人不明，用情失地耳！"在吴宓看来，不爱就是不爱了，时过境迁，不能一定要有什么结果，他曾说过："人时常受时空限制，心情改变，未有自主，无可如何。"伤心的毛彦文在不久后嫁给了熊希龄，这让吴宓感到十分意外。

西山之春1（吕红梅摄）

西山之春2（吕红梅摄）

熊希龄在香山创办了慈幼院，为在战争及自然灾害中无家可归的孩子们提供庇佑之所，毛彦文嫁给他之后，就帮助他打理慈幼院的相关事务。

毛彦文嫁给熊希龄之后，吴宓大为吃惊，却也无可奈何，对于他来说，毛彦文是他苦追不得的女子，而留给他可供选择的时候，他却又选择了放弃，这种遗憾终归伴随着吴宓直到终老，毛彦文和熊希龄结婚3年后，熊希龄病逝，毛彦文前往台湾，毛彦文与吴宓终归无缘。

（八）赵元任：教我如何不想她

被誉为中国现代语言学之父的赵元任也是"清华四大导师"之一，他虽然不是一直在清华大学任教，但在北京期间，身处清华大学校园的他也为京西文化的丰富内涵增添了现代语言学和音乐学的内容。

1920年，赵元任在清华大学教授物理、数学和心理学课程。当年冬天，他担任了英国著名哲学家罗素来华讲学期间的翻译。罗素在北京期间，北京大学为了配合罗素的演讲活动，发行了《罗素季刊》，这个季刊与《北京大学日刊》一起成为当时传播、介绍和研究罗素哲学思想的重要论坛。

1921年，赵元任与杨步伟结婚。之后夫妻赴美在哈佛大学任教。1925年赵元任重回清华大学，教授数学、物理学、中国音韵学、普通语言学、中国现代方言、中国乐谱乐调和西洋音乐欣赏等课程。此外，赵元任还担任过研究院语言研究所的研究员，在此期间，他进行了大量的语言田野调查和民间音乐采风工作，为他以后的研究奠定了坚实的田野基础。在为罗素担任翻译期间，赵元任的语言天赋得到了充分展示。他不仅会说普通

话，而且还精通多地方言。当时，时任清华大学校长的金邦正同意将赵元任"借给"梁启超创办的讲学社一年，赵元任便从清华大学的住所搬了出来，住到了城里。

香山脚下的郁金香花海（吕红梅摄）

清华大礼堂（周怡摄）

赵元任为便于为罗素担任翻译，从清华大学搬进了城里，工作与生活两不误，他还在这个时间内成就了自己的爱情。当时他已经认识了森仁医院的创办人杨步伟，搬到城里之后更方便了两个人的见面。陈寅恪认为杨步伟跟赵元任的相识很有意思。那个时候，赵元任正替罗素翻译，有一天工作完成后，与表姐到杨步伟工作的医院一起吃饭。腼腆的赵元任跟一桌子女医生、女护士吃饭，闭口不言。杨步伟的同学冯织文就开玩笑问赵元任是不是哑巴。后来赵元任唱了一首英文歌曲，才打破了僵局，气氛活跃起来。吃过饭的赵元任与两位女士一同去为罗素在高等师范的讲学担任翻译，当时因为赵元任迟到了，害得罗素在讲台上站了半天，而晚到的赵元任却还带了两个女子同来，罗素怒称赵元任为"Bad man"（坏男人）。

民国时期的清华大学、北京大学，在风景优美的北京西郊，成就了多少伉俪和佳话！

1926年，赵元任为刘半农的诗《教我如何不想她》谱曲，使得此诗被广为流传。

（九）顾颉刚：慧眼识京西妙峰山民俗

顾颉刚，字铭坚，号颉刚，江苏苏州人。他是古史辨学派的创始人，现代历史地理学和民俗学的开拓者、奠基人，也是中国现代著名的历史学家、民俗学家。民国时期的北京大学吸引了大批优秀学子前来读书，并在毕业后任教于此或工作、居住在北京，为我们今日追寻西山名流提供了条件。

顾颉刚在北京大学读书期间，恰逢刘半农等人在北京发起向全国各

地征集民歌、民谣运动，并按日发表在《北京大学日刊》上。顾颉刚从小就喜欢听老人讲神话故事、民俗谚语，此期间又恰逢夫人去世，他闲居在家，于是便开始搜集歌谣，在这个过程中他发现这些民风、民俗会随着时间的推移而发生变化，这种变化也值得研究。1920年，顾颉刚从北京大学毕业，留校任助教，之后他陆续将自己收集的歌谣，在将方言加以注释之后陆续发表在《北京晨报》上，受到了学界的好评。1923年底，顾颉刚担任《歌谣》周刊编辑，开始专心从事民俗学、民间文艺研究，并成为《歌谣》周刊的主要撰稿人，这为他后来发现和挖掘京西妙峰山的民俗提供了条件。

1925年4月30日—5月2日，北京大学的顾颉刚、孙伏园、容庚、容肇祖、庄严5个人受风俗调查会的委托前往妙峰山香会进行考察，这次考察被认为是中国民俗学田野调查的开端，因此妙峰山也被称为中国民俗学的发祥地之一。顾颉刚等人后来编著了《妙峰山》一书，对妙峰山的相关民俗、自然和人文景观等客观环境进行了记述，并抒发了自己的感想，从民俗学、社会学和社会心理学的角度来考察妙峰山香会。顾颉刚等人还在当时的《京报》副刊上连续发表了《妙峰山香会》等文章来介绍他们的所见、所闻、所想，为我们今日研究西山乃至北京民俗文化提供了历史资料。

此次赴京西考察为期3日，有50元活动经费。《妙峰山》一书中提到顾颉刚等人是于上午8点从顾家出发的，雇人力车到北安河，至北安河时已是下午2点，庄严在《妙峰山进香日记》[1]中提到沿途绿草如茵，野花似锦，景色极美，而几人在车上就着美丽的风景谈天，惬意得不得了，顾颉刚还在车上看《马可·波罗游记》。根据《妙峰山》一书记载，顾先生等人当年走的是中北道，此道在妙峰古香道中是最豪华，也是人气最高，且目前保

---

[1] 庄严：《妙峰山进香日记》，《京报》副刊，1925年5月29日第163号。

存状况最好的一条道路。据记载，这条道路由钟粹宫太监范平喜在同治九年（1870年）时整修，之后"素云道人"太监刘诚印又于光绪十八年（1892年）时再次修整，遂成现在的规模。他们雇了挑夫，步行上阳台山，途经响福观、朝阳院茶棚、玉仙台茶棚（又名瓜打石）、庙儿洼等到达金山顶，到此处时已耗时4个多小时。

顾颉刚记述了路上的美景：一路杏花满山，比苏州邓尉山的梅花更要茂盛。杏花丛中又有很多的白杨树，风吹来时萧萧作响。杏树下又有许多未发青的玫瑰。下山到了涧沟，又由此上莲花金顶（妙峰山正名）的灵感宫（娘娘庙）。顾颉刚所记载的样子时至今日已经发生了很大的变化。顾颉刚在山上住了两夜之后回城。3天的考察再加上平日的积累，才使得《妙峰山》一书得以问世。

妙峰山古道1（吕红梅摄）

该书是顾颉刚等人在此次考察之后，再加上平时的研究积累所形成的关于妙峰山民俗研究的论文集。顾颉刚、孙伏园等5位学者分别从自己所关注和擅长的角度，根据此次对妙峰山庙会民俗的实地调查，撰写出论文，相继发表在《京报》副刊上。该书的价值在于它是首个经过田野调查后撰写而成的关于民俗文化的书籍。该书在1928年出版后，便得到了民俗学界的广泛关注。顾颉刚等人的实地调研和对妙峰山民俗文化的研究与挖掘，使得很多民俗学者认识到北京民俗文化的特征，进而引发了民俗学界对各地民俗的研究热潮。自此以后，民俗学界普遍认为妙峰山民俗文化是北京传统民间文化，甚至是北方传统民间文化的一种特征，这必须归功于顾颉刚等人对妙峰山民俗文化的深度挖掘。

妙峰山古道2（吕红梅摄）

1929年，顾颉刚受聘为燕京大学国学研究所研究员、历史系教授，并兼任北京大学（在沙滩红楼，今为北京新文化运动纪念馆，门牌是东城区五四大街29号）历史系讲师，此后便开始居住于此处。顾颉刚先生在燕京大学任职期间，正是"古史辩论"战的高潮时期，也是他本人学术的一个高峰期，在这里，他创办了《禹贡》半月刊，开始系统整理古籍中的地理记录，开中国历史地理学之先河。蒋家胡同3号共有房屋 20多间，前院南房由他人居住，顾颉刚家使用内院。顾先生居西厢房，正房为其书房，西耳房为绘图员吴志顺的居所。吴志顺于1933年春来到燕京大学，绘制顾颉刚先生等编纂的《地图底本》。

（十）梁实秋：清华大学8年，北京大学也有缘

梁实秋是地道的北京人，出生于北京。他是我国著名的散文家、学者，同时也是文学批评家和翻译家，他还是国内较早从事莎士比亚研究的学者，其研究结论得到了学界的认同，被视为研究莎士比亚的权威。他的作品很多，一生留下了2000多万字的著作，梁实秋的散文《雅舍小品》《北平年景》等都深受读者喜爱。

1915年，梁实秋进入清华学校学习，直至1923年毕业，之后赴美留学，其后在南京、青岛等地任教，1934年才回到北京，担任北京大学研究教授兼外文系主任。梁实秋在《清华八年》的文章中描述了自己在清华学校学习时的一些场景和感想。当时清华学校是用庚子赔款的退还经费创建而成的，这所学校从管理到授课及学制都带有浓厚的美国色彩，其实质是留美预备校。每年的招生名额也很特别，是根据庚子赔款中各省份所承担的款项比例来

确定的，学生们来自各省，带着各地的方言，这对于教育并不是非常普及的近代中国来说，是一个独特的现象，其他学校并不是如此。也因为各省的同学都有，所以老乡的观念在清华学校尤其明显，而梁实秋作为北京当地人，与他情况相同的学生却非常少。梁实秋读清华学校的时候，闻一多比他高两级，而朱湘又比他低一级，另外还有孙大雨等人，他们出于对文学的喜爱而共同组建了小说研究社，其后经闻一多建议，将其改名为清华文学社。

梁实秋作为地道的北京人，有朋友来京时担任导游肯定义不容辞。郁达夫从上海到北京来，就是让梁实秋陪他去的圆明园，看看战火劫难后留下的沧桑痕迹。可惜二人看到了一堆断壁残垣，已全然没有万园之园的昔日盛景了。

（十一）林语堂：两脚踏东西文化，一心评宇宙文章

林语堂，中国现代著名作家、学者、翻译家、语言学家。很多人熟知林语堂，是因为他的小说《京华烟云》。林语堂的一生在厦门、上海、北京等多个城市待过，他在北京一共待了6年时间。林语堂从上海圣约翰大学毕业，任教于清华大学，其后去了美国、德国学习，回到北京后任北京大学教授，在北京期间与胡适结为好友。

林语堂虽然在北京才待了6年的时间，但对北京的感情却很深，其名作《京华烟云》描述的就是清末至民国时期，北京城的3个家族在乱世中的恩怨情仇。书中有对义和团运动、八国联军入侵、全民抗战等重大政治事件的描述，反映了近代中国的政治、经济、社会及文化变迁，也显示了北京对林语堂思想的影响。全书虽用英文写成，但却有着浓郁的古都情怀。他从上

海来到北京，通过自己的努力，在最短的时间内了解了老北京的文化。他读《红楼梦》，从中学习文学作品中体现出来的北京语言；他逛琉璃厂，跟旧书摊的摊主和书商们聊天，了解古典书籍的版本等知识，尽力充盈自己。他在清华大学任教期间，首创了"首笔"汉字检字法，得到了大力提倡文字改革的北京大学校长蔡元培的支持，并在其后一起倡导汉字拼音化。

林语堂在清华大学任教期间认识了胡适，后来在林语堂去美国、德国留学期间，胡适就用私人的钱资助了林语堂的学习，而林语堂自己却以为是提前预支了北京大学的工资，回国后才从北京大学代理校长蒋梦麟处得知真相。胡适曾经对林语堂说过，他们这些接受过新思想的人回国了，中国就会有所改变。其后两个人虽然有些观点并不一致，但都对中国文化的发展做出了自己应有的贡献。

林语堂的很多文章都是以他自己的北京生活为模板进行写作的，如他在《动人的北平》一文中写道："他是一个理想的城市，每个人都有呼吸之地，农村幽静与城市舒适媲美。那里的街道排列恰当，清晨在花园中拔白菜的时候，抬头可以看到西山的雄姿——然而距离一家大百货商店，只有一箭之地。"在散文《老北京的精神》中他写道："北京城距西山十至十五里，西山越向远处越显高峻，上有数百年的古庙，从汩汩山泉中流出的清澈溪水，一直流淌进城中的太液池……北京城内的小溪都源于西边山中，其中有一些虽污浊滞缓，但玉泉山的泉水却清得令人难以置信，凉得让人无法入浴，在阳光的照耀下如玉石般翠绿晶莹，因而其山得名玉泉山。"他从北京的气候、建筑、人的性格等诸多方面呈现了北京的美丽、宽厚、朴实，这正是林语堂所向往的。[1]

---

[1] 刘伟：《林语堂的北京"乡愁"》，《北京晚报》，2017年3月28日。

（十二）吴晗：可怜一觉金陵梦，留得身前身后名

吴晗，中国著名历史学家、社会活动家，曾担任过清华大学教授，他是胡适的学生。吴晗在上海中国公学学习时成为胡适的学生，1930年，他经燕京大学教授顾颉刚介绍，在燕京大学图书馆中日文编考部任馆员，此时吴晗21岁，这是他与北京有交集的开始。吴晗喜欢文史，刚到北京时他准备考取北京大学，在北京大学的入学考试中，他的成绩也很有意思，他的文史、英语均取得了满分的好成绩，但数学竟然考了零分，按照北京大学的规定，只要有一门课程是零分，就不得录取。于是，被北京大学拒之门外的吴晗改投清华大学，得到了同样的成绩，但清华大学以文史成绩特别优异为由，破格录取了他。吴晗遂成为"清华人"，与北京大学失之交臂。吴晗进入清华大学时，家道基本败落。胡适对这位从上海追随而来的弟子非常照顾，他在吴晗被录取后没几天，即给清华大学代理校长翁文灏和教务长张子高写信，介绍吴晗的家境比较贫苦，让学校照顾一下他，给他一个半工半读的机会，来挣取自己的生活费，胡适还大力介绍了吴晗的学术水准。进入清华大学初期的吴晗在学术等问题上师法胡适的治学方法，一直到他遇到后来成为自己妻子的袁震。

胡适在北京大学任教期间，将自己的思想都传输给了在清华大学读书的吴晗。胡适以信件的方式对吴晗进行了多方面的指导，从学术思想到治学方法，比如，胡适告诉吴晗研究明史，是让他做一个能够把明史资料整理好的学者，而不是出一部新的明史。吴晗也表示："光耀所及，四面八方都是坦途。"可见胡适对他的影响之深。而这些影响和思想倾向在吴晗遇到自己的爱情之后发生了变化。受朋友的委托，吴晗负责照顾清华大学学长、正在生病的袁震。虽然是在病榻上，但袁震与吴晗的思想交流很

多，袁震曾是董必武的优秀学生，她接受的是马克思主义观念，对吴晗所持的"胡适史观"很不赞同，还对吴晗开玩笑说为什么老是在胡适面前矮三尺，而吴晗则回答他在袁震面前更矮，足见吴晗对袁震的爱慕之情。后来吴晗也自述，袁震对他倾向党、倾向革命、信仰马克思列宁主义起了很大作用。当时袁震重病在床，年龄也比吴晗大3岁，因此吴晗的家庭和一些朋友都反对他们在一起。但吴晗认准了袁震，不顾各方的反对，继续与袁震交往，并在袁震痊愈后，于1939年10月在云南与其结为夫妻。

　　1984年，在吴晗诞辰75周年的时候，清华大学决定在校园内近春园遗址上建一个纪念亭，来纪念吴晗。吴晗纪念亭建成两年后，即1986年4月，在吴晗纪念亭北侧落成了高2.8米的吴晗像，供人们瞻仰、怀念。

清华大学近春园遗址1（周怡摄）

清华校园内的吴晗雕像（周怡摄）

清华大学近春园遗址2（周怡摄）

（十三）蒋梦麟：任职时间最长的北京大学校长

近代的北京大学人才济济，西山文化氛围浓厚，这些都得益于几届北京大学校长的努力。民国时期，继蔡元培之后的校长是蒋梦麟，他既是蔡元培的学生，也是北京大学校史上任期最长的校长，虽然在这期间有些时候他只是代理校长。蒋梦麟自己说："从民国十九年到民国二十六年的7年内，我一直把握着北大之舵……一度曾是革命活动和学生运动旋涡的北大，已经逐渐变为学术中心了。"[1]

1919年五四运动爆发后，北洋政府想要解散北京大学，时任校长的蔡元培非常愤怒，离职回到了浙江。北京医药专科学校校长汤尔和南下劝解，蔡元培想回北京，但还有事未料理完，不能立刻返京，此时的北京大学有诸多事务没有人来打理，因而迫切需要有一个人站出来暂时替代未到北京的蔡元培。汤尔和想到一个"两全法"：委派蒋梦麟代理校长事务。汤尔和之所以推荐蒋梦麟暂代校长职务，是出于这样的考虑：蒋梦麟是蔡元培的学生，也是蔡元培的老乡，师生关系和地缘感情较近，另外蔡元培也非常欣赏蒋梦麟的才华，其教育主张也深得蔡元培的认可。还有一点就是蔡元培此时与孙中山先生交往密切，而孙中山也非常看重蒋梦麟。出于这三点考虑，汤尔和认为蒋梦麟是最佳人选。初上任的蒋梦麟也没有辜负他们所托，为人低调、谦虚，曾说自己只是来替蔡先生盖章的，实际事务还是由之前安排好的各位主事说了算。

担任代理校长一职的蒋梦麟在代理期间，对学校的经费运转、用人、

---

[1] 常河：《科学之精神社会之自觉——不该被忽视的北大校长蒋梦麟》，《江淮文史》，2013年第3期。

课程设置、学生选课等大小事务无不尽心。例如，在当时的政治局势下，学校的办学经费捉襟见肘。有个被北京大学拖欠巨款的建筑公司在中秋节前派人每天到蒋梦麟家里来讨债，蒋梦麟无奈，只好逃到西山以躲避他们。

1930年，蒋梦麟正式成为北京大学校长，他上任之初就明确提出"教授治学，学生求学，职员治事，校长治校"的方针，建立了一个有效率的高校行政机制。他还致力于整饬纪律，整改学校的不足。蒋梦麟认为教育的长远之计在于"取中国之国粹，调和世界近世之精神"，要定出培养人才的标准，发现其中的问题，以培养"科学之精神""社会之自觉"为目标。

蒋梦麟还是一个特别乐于助人的人，在李大钊牺牲后，停灵6年无法安葬，李大钊遗孀赵纫兰携子女回到北平后，生计困难，更是无力处理李大钊的后事。她求助于李大钊的生前好友，如胡适、蒋梦麟、沈尹默、周作人等代为办理安葬事宜，蒋梦麟痛快答应，并张罗同事及向社会各界呼吁捐款，有了这些捐款，蒋梦麟出面料理后事，并选定了万安公墓，购置了墓地。

在哲学家杜威访华时，蒋梦麟、胡适曾陪同他到西山游玩，他们无意中看到一只屎壳郎正推着一个小小的泥团上山坡，屎壳郎推粪团的特点早在唐朝柳宗元的《蜣蜋传》中已有记述，胡适和蒋梦麟都说，它的恒心毅力实在可佩，而杜威却以西方人的眼光看待这个问题，他说，它的毅力固然可嘉，但它的愚蠢实在可怜。西山之游的这件小事反映了中西学者对于同一件事的不同看法，这种差异，在中国近代社会随处可见。

胡适是蒋梦麟的挚友之一，他认为蒋梦麟有中兴北京大学的决心，又得到了中华教育文化基金董事会的经费援助，所以能放手去做事，面向全国来挑选教授与研究人才。胡适认为蒋梦麟是一个理想的校长，有魄力、

有担当。傅斯年也评价他说，虽然蒋梦麟的学问比不上蔡元培，但是他比蔡元培更会处理各方面的关系，更会办事。1936年，蒋梦麟与原配离婚，继娶亡友之妻陶曾谷，社会上对这件事情议论纷纷，多半是谴责蒋梦麟的。蒋梦麟请胡适做证婚人，胡适的夫人江冬秀将胡适反锁在屋里，坚决不让他去参加婚礼。因为江冬秀作为旧式没有受过教育的女性，与蒋梦麟发妻的遭遇有些相似，只不过胡适没有蒋梦麟那样决绝。胡适为了朋友，从家里跳窗逃跑出来，赶赴蒋梦麟的婚礼，也算是用实际行动支持了蒋梦麟的爱情。但到了1961年，蒋梦麟想与徐贤乐结婚时却遭到了胡适及其他大多数朋友的反对，虽然后来他还是不顾众人的反对缔结了婚姻，但却在后续的离婚官司中心力交瘁，离婚半年后，蒋梦麟就驾鹤西归了，这与他晚年的这段婚姻对其身心的伤害不无关系。民国时期，西方自由恋爱思想的传入对中国传统的婚姻爱情观念造成了很大的冲击，这时的思想家、学问家多对中国的传统婚姻有所评论，蒋梦麟也不例外。

北京大学景色（周怡摄）

对北京大学校史素有研究的北京大学教授陈平原说："在历史学家笔下，蔡元培的意义被无限夸大，以至于无意中压抑了其他同样功不可没的校长。最明显的例子，莫过于蔡元培早年的学生蒋梦麟。"[1]

（十四）梅贻琦：尊师重教，民主治校

提到民国时期的清华大学，有人说有一个人，没有他，就没有当时的清华大学，由此可见此人对清华大学的重要性，他就是曾任清华大学校长的梅贻琦。1915年，梅贻琦在留学归国后开始担任清华学堂物理教师，后任教务长，暂代校务、清华大学留美学生监督处监督等职。

1931年10月—1937年，梅贻琦出任国立清华大学校长。抗日战争爆发后，清华大学与北京大学、南开大学3所学校合并，成立西南联合大学，梅贻琦在西南联合大学任职。1945年，抗日战争胜利后，清华大学复校，梅贻琦继续担任校长，直至1948年底。后来，梅贻琦由美赴台，并于1955年在台湾创立"清华原子科学研究所"，后来更名为台湾新竹"清华大学"。

在梅贻琦任清华大学校长期间，国内局势动荡，学校内部事务也极不稳定，且清华大学学生的"驱逐校长"运动也时有发生，但梅贻琦能够掌控学校的局面，深得学生之心，这与他的治校原则或者说理念有很大关系。著名经济学家陈岱孙这样总结梅贻琦成功的原因，是因为他做到了以下两点，才奠定了他在清华学子心中的地位，并确立了清华大学

---

[1]　陈平原：《作为大学校长的蒋梦麟》，《书城》，2015年第7期。

的学术风气。

第一是梅贻琦特别看重对教师人才的选拔，他认为一个大学的第一要素不是大楼，而是大师。因此他严格地进行了师资人才的遴选和聘请，确保教师德行兼备。梅贻琦从国内外聘请知名人才到清华大学任教，为清华大学的人才培养奠定了师资基础。梅贻琦尽自己的最大努力为清华大学聘请人才，例如赵元任到北京时，梅贻琦亲自到火车站迎接，他与清华大学的大师们也一直保持着亲密的朋友关系，能为他们帮忙的，绝不怠慢。王国维自杀后，梅贻琦亲自带人去颐和园收殓并料理了后事，使一代大师入土为安。

第二是在治理学校的过程中，推行一种集体领导的民主制度，具体体现就是成功地建立了由教授会、评议会和校务会议组成的行政体制。清华大学校史专家黄延复在"比较广泛的材料收集和研究的过程中，一直抱着'苛求'的心理"，搜寻人们对梅贻琦的"异词"或"谤语"，但却一无所获，足见梅贻琦作为校长的成功之处。

梅贻琦不但对教师礼遇有加，而且对学生也特别爱护，他认为学校与师生是水和鱼的关系，学校是水，师生就是水里的鱼，而师生的行动就像在游泳，大鱼在前，小鱼在后，大小相从。生活在清华大学校园里，就应该热爱自己的学校，他曾多次表达了对清华大学及学生的挚爱。梅贻琦希望清华大学能够在学术研究方面保持引领地位，做一些高深、精尖的学问，为国内培养高端人才。时至今日，清华大学依旧是国内知名的、对广大学子最有吸引力的大学之一，也算是历经近百年的沧桑之后，对梅校长的一个交代吧。

清华园（周怡摄）

（十五）刘文典：西山香山寺看佛经挨打

刘文典被陈寅恪称为"教授之教授""大师之大师"。他少年成名，师承刘师培、章太炎，结交胡适、陈寅恪，在这些人的影响下，刘文典身上有着典型的传统士大夫的傲骨，因此他总是以"狂生"模样呈现在世人面前。在他的一生中，曾追随过孙中山，营救过陈独秀，驱赶过章士钊，痛斥过蒋介石，显示出他狂傲的性格。

刘文典饱读诗书，确实是满腹经纶，而他为了读书，也是读遍各种场所蕴藏的经典。比如，在清华大学任教时，他听说北京西山香山寺藏有他需要查阅的佛经，就前去查阅。但该寺有严格规定，非佛教人士不准借阅藏书。即使允许借阅，也必须严格遵守寺内关于阅读经书的规定，比如阅读者必须在寺内念经堂正襟危坐，必须用寺院特制的箆子翻阅，不得以手指沾口水翻书页，违反此规定的，要受罚。该寺管理藏书的老和尚知道刘文典是著名学者，破例让他进来翻阅佛经，但前提是得遵守规则。刘文典满口应允，但看了一会儿之后，因为室内寂静，又路途劳顿，有些疲倦，他便躺倒在室内的床上，卧床阅读。可是看着看着，竟然睡着了。后来被老和尚打醒过来，还受到了斥责，一来是没有遵守阅读规定，二来是经书在他睡着时掉到了地上。老和尚看到此情景，非常生气，拿起扫帚就打过来。刘文典顿时清醒过来，一面在佛堂内抱头鼠窜，一面向老和尚求饶，承认自己的过错。老和尚看在刘文典认真向学的分上，还是不了了之了。后来，刘文典和老和尚成了好朋友。之后老和尚到清华大学拜访刘文典，他还专门设素斋招待老和尚。

刘文典作为五四时期知识分子的典型代表之一，他追逐的永远都是独立与尊严。也正是因为有了这些大师的傲骨，才使得民国时期的学界大师纷呈，新旧交融，冲击着人们的思想，也为我们留下了丰富的精神遗产。

复建后的香山寺（香山公园武立佳提供）

（十六）闻一多：七子之歌，爱国心声

闻一多是近代著名的新月派代表诗人和学者，伟大的爱国主义战士，由他创作的《七子之歌》被广为传唱。1912年，闻一多以优异的成绩考入清华留美预备学校，在清华大学度过了10年的学习时光，在此期间，他听从潘光旦的建议，将名字从闻多改为闻一多。1916年，他开始在《清华周刊》上发表作品，均为读书笔记，这些系列文章总称为《二月庐漫记》，同时他开始创作旧体诗，并任《清华周刊》《新华学报》的编辑和校内编辑部负责人。1921年，他与梁实秋等人成立清华文学社。1932—1937年，他在清华大学任中文系教授，从事中国古典文学的研究。1944年加入中国民主同盟，成为爱国的民主战士。1946年其在昆明被暗杀。

闻一多出国留学学习的是外国文学，回国后便潜心于对中国文学的研究，冯友兰评论他是由学西洋文学而转入中国文学的"唯一成功者"。在清华大学任教期间，闻一多苦心钻研学问，经常不参加同事们的聚会，大家也极少在休息时间见到他，于是便给他起了一个外号，叫"何妨一下楼主人"，足见闻一多对于学问之用心。

生逢民国的乱世，闻一多坚持热爱自己的祖国。1922年，闻一多去美国留学期间，倍感华人被歧视，一些留学生也开始对自己应不应该爱国产生动摇和怀疑，闻一多却说："只要是你的祖国，再丑、再恶，也要爱他。"这是多么感人的话语，正是拥有这样的爱国热忱，他才会回到多灾多难的祖国，并为祖国的未来献出了自己的生命。

除了前文提到的这些大师，清华大学在民国时期的毕业生中，也有很多在中华人民共和国成立后的许多领域里都成了知名的专家和学者，这里简单列举如下。

闻一多雕像（周怡摄）

两弹一星元勋周光召，1946—1951年在清华大学物理系物理专业学习。两弹一星元勋彭桓武，1935年毕业于清华大学物理系，他与周光召都为中国的原子弹、氢弹研究做出了巨大的贡献。

中国人造卫星事业的倡导者和奠基人赵九章，于1933年毕业于清华大学物理系，是中国著名的大气科学家、气象学家、地球物理学家和空间物理学家。

中国近代力学之父，著名的科学家、教育家，杰出的社会活动家钱伟长，于1931—1937年在清华大学物理系及研究院学习。

核物理学家钱三强，于1936年毕业于清华大学，于1948年任清华大学物理系教授。

清华大学校园内的闻亭（周怡摄）

中国物理学界一代宗师叶企孙，于1918年毕业于清华学校，是中国卓越的物理学家、教育家。

理论物理学家周培源，于1924年从清华学校毕业，1929年时，年仅27岁的周培源任清华大学教授，后任教于北京大学，从事广义相对引力论和流体力学的教学与研究工作，并取得了巨大成就。

近代天文学的奠基人张钰哲，于1919年考入清华留美预备学堂，于1928年发现"中华"小行星，后长期致力于小行星和彗星的观测与轨道计算工作。

驰名中外的建筑学家杨廷宝，于1915年进入清华学校，是中国近现代建筑设计领域的开拓者之一。他长期从事建筑设计创作工作，对中国建筑设计事业贡献巨大。

化学家侯德榜，于1913年从清华留美预备学堂毕业，是"侯氏制碱法"的创始人。

考古学的奠基者夏鼐曾先后在燕京大学历史系、清华大学历史系学习，并考取了清华大学留美公费生，赴国外学习考古学，获考古学博士学位。1945年，他调查发掘了甘肃宁定阳洼湾等遗址，通过考古研究，他在学术界得出了从地层学上确认仰韶文化的年代早于齐家文化的结论，这种认知，使黄河流域新石器时代文化正确年代序列的建立成为可能。

语言学家季羡林，于1930年考入清华大学西洋文学系。因为爱好文学，季羡林和吴组缃、林庚、李长4个人组成了"清华四剑客"。季羡林在清华大学读书时，不仅学习文学系的课，而且还到别的系去听课，由此结识了陈寅恪、朱光潜、吴宓等知名教授。季羡林在读书之余还特别喜欢游览京城的风景胜地，例如在他写成的《清华园日记》中可以见到，他与同学一起到西郊的香山游玩，赶上下雨，于是留下了"细雨骑驴登香山"的记载。

1935年，季羡林赴德国留学。1946年回国，在清华大学教授陈寅恪的引荐下，他进入北京大学教书，执教60余年。

钱锺书于1929年被清华大学外文系破格录取。他到清华大学后的志愿是：横扫清华大学图书馆。因为读书多，见识广，所以他的中文造诣很深，同时他还精于哲学和心理学。1932年，钱锺书在清华大学结识杨绛，二人的伉俪之情由此开始。1938年，钱锺书被清华大学破例聘为教授，次年离职，直到1949年才又重新回到清华大学任教。

著名的哲学家、哲学史家、国学大师张岱年，于1933年在清华大学哲学系任教。

清华大学里的科学楼（周怡摄）

三

艺术大师们笔下的西山

近代的西山，除了以北京大学、清华大学为中心的名流在此活动，还有很多极有影响的人物在这里留下惊鸿一瞥，下面就几位大家比较熟悉的人物进行简单叙述。

（一）老舍：大悲寺外，西山的沙果甜

老舍是中国现代著名的作家、语言大师和人民艺术家，他出生于北京，幼年家庭生活困顿，但勤学不倦。1918年，老舍从北京师范学校毕业后，到方家胡同小学担任校长。1920年晋升为京师教育局北郊劝学员，但时隔不久，老舍还是觉得简单的学校教书生涯更适合自己，于是又回到学校教书。老舍热衷于社会服务事业，同时为了提升自己的英文水平，他还在英文夜校和燕京大学补习英文。

在老舍担任京师教育局北郊劝学员期间，他的生活条件优越，外界多评价这段时间老舍的生活是"消磨时光，自暴自弃"，也许是这样的生活使得他的精神确实比较空虚，老舍竟然生了一场大病。病愈后的1922年，老舍来到西山卧佛寺赏景散心，当时住在东院禅房内。此间，他抽空游览了香山、八大处一带的风光，为他日后的文学创作积累了现实素材。老舍曾以《大悲寺外》为题写过一篇短篇小说，这篇小说被文学界誉为"非现实主义作品"，具有"摄人魂魄的艺术力量"。

卧佛寺2（周怡摄）

　　老舍在工作之后虽然在山东、重庆等地，甚至是英国都待过，但对于出生并长大的家乡北京，他的感情却是最为深厚的。据记载，老舍在养病期间曾来过西山，在他记述老北京物产及风俗的文章里，也有西山的影子。例如，在《想北平》里，老舍先生回忆着北京的水果："果子有不少是由西山与北山来的，西山的沙果，海棠，北山的黑枣，柿子，进了城还带着一层白霜儿呀！哼，美国的橘子包着纸，遇到北平的带霜儿的玉李，还不愧杀！"

　　西山的美景使老舍创作出了短篇小说《大悲寺外》，在中华人民共和国成立之后，老舍也曾为小说取材而来过西山，并留下了《致郭老》的诗作，这不在本文的写作范围之内，在此略过。被誉为人民艺术家的老舍，其艺术题材多来源于老北京的生活，在他的笔下，西山也若隐若现，为他的创作提供了素材。

　　从1936年开始，当时还在山东工作的老舍开始创作小说《骆驼祥

子》，这部作品成为反映20世纪20年代北平平民生活的不朽巨著。小说虽写于山东，但却取材于石景山区的模式口（原名磨石口）。除了磨石口，老舍先生在书里还提到了以磨石口为中心的20多处地名。1923年，宛平县长汤小秋将磨石口改成了"模式口"，以图文雅之意。

石景山自古以来就是京西的历史文化重镇。2016年1月，北京市政府公布了《北京历史文化名城保护规划》，模式口被列为需要保护的历史文化街区。模式口历史文化街区内有法海寺，是全国重点文物保护单位。法海寺内保存着北京地区现存历史最久和最完整的明代壁画，这些壁画为佛教内容，工艺水平精湛，在中国壁画史上有极高的地位。

《骆驼祥子》中的祥子是由模式口逃回北平的，他丢了自己赖以生存和实现梦想的洋车，牵着3匹不大体面的骆驼回到北平。时至今日，石景山区的人还会很自豪地说，祥子是从模式口走出来的。

老舍之子舒乙先生提到北京档案馆的赵家鼐先生发现了一组老舍先生中学时代的习作，记载了1917年10月21日老舍先生观察石景山、金顶山地势和同年11月11日—15日北京师范学校第二次野外演战的情况。其中有七律3首、古体诗1首，与这次野战有关，这是迄今为止发现得最早的一组老舍作品，这些文字的发现对研究老舍先生的文学创作发展过程具有重大价值。这组文字共64行，每首诗前还有简短的文字说明，其内容主要是描写石景山金顶的壮丽，借以抒发自己的情怀。下面是从舒乙先生的文中摘录的部分文字。

出山小草有远志，报国何必高权位。

大蠢乱翻鸦背影，少年总是凤雏才。

诸君听我歌水调，激昂不屑孙登啸。

恚然一声歌且终，霜林射得虎眼红。

西山的苹果（吕红梅摄）

模式口的法海寺（吕红梅摄）

老舍在此时还是胸怀壮志、慷慨激昂的，这都是在担任京师北郊劝学员之前的事。作品与生活是密不可分的，老舍先生的作品被誉为"京味儿"十足，西山也有幸在作者的笔下留下了印迹。舒乙先生从《骆驼祥子》中摘出了祥子回京的路线图，沿途经过了西山的众多地点，我们不妨摘录一下，看看当年从门头沟进京经西山部分到海淀西直门区域的路线。

（二）程砚秋：蓄发耕耘在青龙桥

程砚秋是中国著名的京剧表演艺术家，以旦角著称，是京剧四大名旦之一，开创了京剧的程派艺术。程派艺术的唱腔讲究音韵，听起来优雅而婉转，给人以美的舞台享受。程砚秋作为京剧名角，他与西山的缘分说起来与日本人的逼迫有着直接的关系。

民国时期，西山一带还有大量良田，既有优美的风景，又有耕作之乐，程砚秋为了避开日本人的骚扰，暂时居住于海淀区青龙桥，同时蓄发明志，表现出极高的爱国情怀和民族气节。

1937年卢沟桥事变后，日本侵略者发动了全面侵华战争，北平沦陷。当时的日伪当局想要制造一种歌舞升平的假象来笼络人心，迷惑百姓，其最常用的办法就是拉拢、胁迫一些有影响的社会名流、学者、艺术家出来参加各种社会活动，程砚秋作为名伶，必然在被拉拢之列。程砚秋坚决拒绝出席一切亲日活动。有一次，梨园公会受日本人指使，邀请程砚秋为日本捐献飞机进行"义演"，程砚秋坚决反对，并义愤填膺地说让中国人演戏，得来的钱日本人拿去买飞机、炸弹，再来杀害中国同胞，他坚决不能做这种助纣为虐、屠杀同胞、没有人性的罪恶勾当。程砚秋的坚决辞演使

得日伪当局很下不来台，于是便想尽各种办法对程砚秋进行打击报复，不但不准电台播放程砚秋的唱片，甚至还对他进行人身威胁，乃至对其进行殴打。例如，1941年冬天，程砚秋从上海、天津演出归来，下火车出站时，两名特务莫名其妙地对程砚秋进行搜身，又将他带到一间小房内，不问青红皂白，一阵拳打脚踢，这是当时特务们折磨、威慑人的常用手法之一。程砚秋从小武功根底就很好，后又师从名家高紫云学太极拳，这两名特务哪是程砚秋的对手，很快就被打得狼狈不堪，但程砚秋的左耳还是受伤了。由于大环境的恶劣和自身及家人的人身安全不能得到保证，程砚秋便萌生了避居山村、告别舞台，去过农耕生活的想法，他很快付诸行动。做出这种决定并不简单，因为这就意味着放弃自己热爱的艺术，放弃都市的繁华生活，放弃经济收入，归隐到条件相对较差的农村，从繁华走向平淡，也是需要很大的决心和勇气的。

1943年初，程砚秋从青龙桥居民处购得一处房产，自此便在此处居住了下来，开始了务农生活。青龙桥距香山、火器营、圆明园都只有几千米之遥。这里是清王朝皇家园林三山五园的中心地带，背倚金山，前临昆明湖，紧靠玉河，风景秀丽，名胜古迹众多。也正是因为西山深厚的人文内涵和优美的自然景观，才吸引了大师前来。

1943年春节，程砚秋来到青龙桥，在此处自撰春联一副，内容如下。

蓄发事耕耘，

杜门谢来往；

殷勤语行人，

早作退步想。

春联中表明了自己蓄发明志的决心，并告诫其他人，在这样的战乱环境中要早做打算，不能被日伪胁迫，做违心之事。为了让自己言行一致，他宣布实行"三闭主义"——闭口、闭眼、闭心，即两耳不闻窗外事。程砚秋还在日记中记述了自己在这一时期的一些想法，其实他早就萌生了去城外居住的想法，想着在海淀买个房子，做个自在的农夫，还想将自己的哥嫂们也一并安置过去，以便减少经济开支，但他却不知道大家过惯了城里的生活，都不愿意跟他一起到海淀来。他自己是非常喜欢田园生活的，认为这样的生活自在而适意，不必受别人的胁迫。这是程砚秋在日本侵略这一大环境下的一种反抗与躲避，因为作为一名艺人，他没有其他更好的对抗方法了。

他在附近的红山口后面购置了60多亩葡萄园，添置了牲畜、马车、农具，从此开始了住土屋茅舍，吃粗茶淡饭的务农生活。白天和农民一道下地种田，晚上专心读《汉书》《大宋宣和遗事》《明史》等书籍，以史为鉴，认真思考人生和国家大事。北京市档案馆里还珍藏着程砚秋在青龙桥务农的照片，在照片中我们可以看到，程砚秋一手牵毛驴，一手拿农具，形象上与"一代名伶"可是有点儿不搭。除了种地、读书，程砚秋通过静思，对自己以往的创作和演出作品又进行了提升。他将创作演出的每一出戏，每一段唱词、唱腔和表演进行了审慎的回忆与思考，认真严格地进行筛选、修改和重新设计。他也经常在院内和室内练舞吊嗓，做到了"拳不离手，曲不离口"，这才是京剧表演的真谛。虽是为了避世，但他却从未放弃对艺术的追求。

1945年8月，日本帝国主义宣布无条件投降，国内一片欢欣。程砚秋欣喜若狂，逢人便诉说自己的欣喜之情，他心中认定的中国不会亡、艺术不会灭亡的信念终于变成了现实。欣喜之余，他将之前的"三闭主

义"改为"三开主义"——开口、开眼、开心，表达了自己的心情。程
砚秋在青龙桥为乡亲们演唱，到电台发表庆祝抗日战争胜利的演讲，在
北京举行了一连串的义务演出。但抗日战争胜利之后，程砚秋又目睹
了国民党统治下的黑暗腐败，本以为打败日本侵略者之后的生活应该
是充满希望的，可是现实却又如此黑暗，程砚秋便再度归隐北平青龙
桥，继续过着农耕避世的生活。

崔强在《程砚秋先生在青龙桥务农轶事》一文中提到，程砚秋在青龙
桥共有4处产业：刘大院儿、程家花园、60亩葡萄园和颐和中学。程砚秋避
居青龙桥期间，还为青龙桥的贫苦百姓办了不少实事。比如，他买下了颐
和中学，当地人称此地为"后庙"，供当地穷困人家的孩子上学使用，20
世纪40年代改名为玉泉山中学，后来又与六十七中合并成为北京第六十七
中学，现为北京市海淀区学校后勤管理中心所在地。[1]西山有多处地方被称
为"某家花园"，都是近代一些有钱人家出钱在西郊买下的土地，用作平
日休闲和死后"归根之地"。买家都以自己的姓氏作为标记，程砚秋在青
龙山买下的一大块地也被后世称为"程家花园"，但程家花园的具体地址
已不可考，大概地域还是程砚秋供颐和中学的孩子们住宿所用的，后来归
为私人住宅。

程砚秋在青龙桥务农，既表明他作为一名艺术家对日本侵略者的反
抗，也表明他内心对于田园生活的向往。

---

[1] 崔强：《程砚秋先生在青龙桥务农轶事》，《中国文化报》，2014年7月1日。

（三）张伯驹：雁影霜痕黄叶里，销也无金去也难

张伯驹是个传奇式的人物，他是著名的"民国四公子"之一（另外3位是溥侗、袁寒云、张学良），也是富甲京华的大收藏家、词坛盟主和京剧名票。他原名家骐，号丛碧，河南项城人，原为张锦芳之子，后过继给其伯父张镇芳。张镇芳与袁世凯是姻亲，是袁世凯称帝的主要支持者和策划者之一。张伯驹于1927年投身金融界，曾任盐业银行总管理处稽核、南京盐业银行经理、秦陇实业银行经理等职。抗日战争期间，在西安致力于写诗填词。抗日战争胜利后，曾任国民党第十一战区司令长官部参议、华北文法学院教授、故宫博物院专门委员等。1947年6月，他在北平参加了中国民主同盟，任民盟北平临时委员会委员。北平和平解放后，他担任了北京中国书法研究社副社长、文化部文物局文物鉴定委员会委员、中国民主同盟总部财务（以及文教、联络）委员会委员。其不平凡的出身和经历、出众的戏曲词艺造诣和执着的爱国情操，使他成为一位颇具影响力的人物。

民国时期，张伯驹曾搬到西郊的承泽园居住，承泽园位于颐和园东面的挂甲屯，是张伯驹的一座大庄园。承泽园原来归溥仪皇帝的生父爱新觉罗·载沣所有，载沣去世后由张伯驹购得。1900年，八国联军纵火焚烧圆明园时，承泽园幸免于难。

张伯驹之所以迁居承泽园，是因为他在城内的住宅（原为李莲英宅院）因购买古画《游春图》而卖掉了，同时也是为了方便去北京大学。张伯驹竭尽全力收购和保存中国古代珍贵书画作品的爱国行为，一直为收藏界、文物界和社会各阶层所传诵。

1977年，张伯驹和夏瞿禅等同游西山，并访曹雪芹故居，曾作诗一首，内容如下。

西来秋气，雁影霜痕黄叶里。情意酸辛，梦觅红楼吊恨人。

碧天如浣，衰草连天天更远。南望湖山，销也无金去也难。

文化奇人张伯驹曾一度居住和生活在西山，这也是西山之幸吧。

（四）蒋兆和：颐和园死里逃生，《流民图》留传后世

蒋兆和是中国现代卓越的人物画家和美术教育家。他的突出优点是融合国画和西画之长，创造性地拓展了中国水墨人物画的技巧。他应用此法创作的《流民图》是其代表作。该作品塑造了100多个无家可归的、社会底层的劳苦大众形象，用与真人1∶1的比例画出，非常逼真，人物的悲苦跃然纸上，震撼人心，是"为民写真"的现实主义杰作。

创作《流民图》，除了与当时的时局有关，也与蒋兆和1940年在颐和园昆明湖遭遇的一场意外有关。这场颐和园游湖覆舟大惨剧，就发生在1940年4月7日（农历二月三十日）午后2时10分。这是一个风和日丽、景色宜人的游春佳日午后，在旧都北平西郊颐和园内，昆明湖上的游船突遇风浪覆没，造成3亡4伤（亡者为舒又谦、杨轶厂、赵希孟）的惨剧。这样的意外事件在颐和园的历史上还从没有发生过，因此成为当时轰动一时的重大新闻，也成为人们饭后的谈资，各种说法均有，有人说是几个人野餐豪饮酒醉之后游玩所致，有人说是为换座位而致小船失去平衡，甚至有人声称是因几位男士争夺船上女士的手绢而致失事。为此，事后蒋兆和专门写了一篇《三溺士与四共生》的长文，对整件意外事故的详情予以说明，该文发表在当年的《立言画刊》第83期上。

颐和园景色1（叶盛东摄）

　　1940年4月7日一早，蒋兆和、舒又谦、蒋汉澄、杨轶厂、赵希孟、赵梅痕、李进之几人结伴前往颐和园。

　　当天，在约好的颐和园门外的小饭馆，骑自行车的蒋兆和等人遇到了舒又谦、蒋汉澄二人，当时还有青年会员杨轶厂（青年会附属财商学校教员），这才最终凑成游园的7人之数。吃饭期间，蒋兆和与舒又谦、李进之、赵希孟3人饮酒助兴，但喝得并不多，不至于到醉酒的程度，因此在游玩过程中因醉酒导致翻船的说法就不属实了。

　　7个人下午1点多本打算在石舫茶社饮茶，却恰逢茶社火炉熄灭，不能供应开水，这些人只好在石舫上稍事歇息。巧合的是，在看到游船售票处后，舒又谦等遇难的3个人就起了划船游湖的念头。

颐和园景色2（叶盛东摄）

　　赵希孟持船桨划船，还开玩笑说"现在有两蒋（指蒋兆和与蒋汉澄，谐音桨）在此，不要怕"。舒又谦也说："古诗有云：'双桨风横人不渡，翠楼依梦可怜霄。'"但其后风力加大，划船的赵希孟此时已惊慌失措，船上的氛围也紧张得不得了。翻船之前，蒋兆和曾大声提醒众人，万一翻船落水，一定要紧紧抓住船沿。后来大风巨浪滚滚而来，很快船就翻了，7个人全部落入水中。虽经园内员工等人奋力救援，仍造成3人溺水身亡的悲剧。遇难3人的遗体在傍晚时分才被打捞上岸，夜间被运至协和医院冷藏室，经官员检验完毕后，分别由青年会及家属予以安葬。

　　这次事故中获救的是蒋兆和、李进之、蒋汉澄及赵梅痕4人。蒋汉澄等3人因记得蒋兆和的提醒，死死抓住船沿而获救，所以都十分感谢蒋兆和。一年之后，4人还曾合影留念。

　　事发不久，圆明园事务所积极采取整改措施，出台《颐和园游船限制办法》，颁布6项规定：游船乘客限定4人并跟随船夫1人，租出游船后遇到风浪当急促船夫驶船靠岸，特置红色警备船一只负责湖内巡视救援，如有大风浪停止售票，禁止饮酒过多之人租用游船，在南湖高处设瞭望人员指挥救援。

　　翻船事件发生一年之后，蒋兆和、蒋汉澄与李进之曾前往事发地点合影，照片被刊登在1941年的《沙漠画报》第4卷第14期上，以为纪念。不仅如此，蒋兆和还曾绘刻白铜墨盒拓片，在镇水铜牛画面外题款："廿九年四月七日，昆明湖覆舟，蒙拯感荷大德，奉此留念。鸣歧仁兄（江鸣歧）惠存。蒋汉澄、赵梅痕、李进之、蒋兆和敬赠。"拓片刊印在欣平著的《〈流民图〉的故事》一书中。这些举动，反映了蒋兆和等人对落水事件的深刻记忆及对亡友的纪念之情，当然，这其中还有些内疚的情绪在里面吧。

　　获救之后的蒋兆和潜心创作《流民图》，于1943年秋完成了这幅高2

米、长27米的巨幅长卷画作。为了让更多的人知道这幅巨作，他请蒋汉澄拍摄照片，以便印刷。要拍摄这么大的画作，在当时的技术条件下有相当的难度，蒋汉澄经过摸索，最终拍摄了10张底片，完整地印成多套照片。蒋汉澄最终也成为中国医学摄影的创始人，为国家医学界的发展做出很大贡献。

（五）穆儒丐：生于香山，《北京梦华录》载民国旧俗

穆儒丐，生于香山健锐营正蓝旗，名字是后改的，取意为生活艰难，其原名为穆都哩，满语意思为"辰"，因此，穆儒丐又被称为穆辰公，号穆六田。穆儒丐少年时期在虎神学堂接受书面教育，一并学习骑射训练。义和团运动开始后，他曾短暂休学，后又入知方学社继续学习。1903年，穆儒丐到经正书院就读。1905—1911年，赴日本早稻田大学师范科学习历史、地理、政治和财政。1911年，穆儒丐于辛亥革命前夕回国。民国时期他曾从事过军官的秘书、教师等工作，1916—1945年，他到沈阳时曾在《盛京时报》工作。后返回北京，并改名为宁裕之。

穆儒丐的小说创作多以北京的旗人生活为题材，反映了清朝灭亡以后至民国时期旗人的生活变化。在他的笔下，满族平民的生活在动荡的时代大多充满了悲剧色彩，他的小说如《同命鸳鸯》《徐生自传》《北京》等，都表现了这样的主题，也显示出他本人在民国时期生活之艰难，与其在此期间改名为"儒丐"有直接的关系，"九儒十丐"，落魄的读书人再逢乱世，必然生活更加坎坷。他的长篇小说《北京》，是迄今能读到的用中文书写的、最为真切详备地收录有民国伊始京师旗族命运场景的纪实之

作。[1]他的《北京梦华录》，取意于《东京梦华录》，在20世纪30年代连载于《盛京时报》，是穆儒丐根据自己的所见所闻写成的，其内容反映了民国初期北京社会的各个方面，如吃的点心、喝的茶、酒馆、戏曲、婚嫁风俗等，学界称之为文学界的"清明上河图"，因主要描写了旗人的生活，因此又被称为"北京旗人梦华录"。文中记载了老北京卖大樱桃和桑葚的小摊，这与今日西山的樱桃依旧是北京之冠倒是一脉相承。书中的内容均为作者亲身经历的，因此可以与很多研究老北京民俗的书相验证。

穆儒丐对于因社会巨变而对生活产生的影响有着直接的体验，其所作的《如梦令》与老舍的《正红旗下》有异曲同工之处。

（六）田树藩：旅行家眼中的西山

著名的旅行家田树藩在20世纪二三十年代曾多次前往北京西山考察，并撰写《西山名胜记》一书，该书于1935年由中华书局出版，书中重点描述了京西八大处与香山的地理环境、历史沿革、旅游路线、旅游设施及趣闻逸事等，也介绍了各处的建筑、碑刻、诗文、楹联，是研究民国时期西山诸内容的重要参考资料。

田树藩本居京城，1933年迁居八大处灵光寺，过起了隐居的生活，所居之处以"柳溪山房"命名，因为院前有溪水流过。其后田树藩遍游西山，撰写了《西山名胜记》，书中提到西山八大处附近是"天然疗养院"，名家大族在此处普遍设立了别墅和夏天避暑的院子，共提到了27处。

---

[1] 王晓恒：《〈盛京时报〉时期穆儒丐创作及思想论析》，《东北师范大学学报（哲学社会科学版）》，2016年第3期。

西山大樱桃（吕红梅摄）

田树藩还曾多次游览和研究静明园，他在书中曾记述在静明园课耕轩附近有一座"猎场"，证明静明园中确实修建过一座游猎围场。从民国档案资料中可以得知，民国二十年（1931年）6月13日，管理颐和园的事务所所长向市政府呈文，请求在玉泉山修建游猎围场。他认为游猎是中国自古以来就有的，西方各国也将其作为强身健体的方式之一。玉泉山附近的地形条件适合开办游猎场，可以让人们租赁枪支，所获猎物也要收取一定的费用，这样肯定能够吸引很多人来。所得收入，还可以用作静明园的维修经费，一举两得。这位颐和园事务所所长认为，整个静明园出租房屋的收入每年才600元，公园售票收入每月200元左右。如果停止房屋出租和关闭公园，在全园范围内举办一个游猎场，其收入之巨绝非一两千元可比，而且这个地方环境优美、宽敞，且本身飞禽鸟兽极多，只要配备好出租用的枪支，就完全具备成为游猎场的客观条件。

香山团城演武厅（演武厅提供）

香山团城（演武厅提供）

八大处灵光寺的佛牙舍利塔（吕红梅摄）

呈文在几天之后即获市政府批示，同意举办游猎场，但不许将整个静明园都改为游猎场，可划出一块地域举办。经过几次研究和协商，市政府决定拨款6000元作为筹办经费，并于9月24日派专人作为猎场筹备员，携带猎场简章及细则到颐和园事务所，经过大家共同讨论，制定了正式的《北平市游猎场暂行简章》。简章规定：游猎场以提倡高尚娱乐、锻炼身体、练习射技、养成国民尚武精神为宗旨；猎场直隶于北平市管理颐和园事务所；场址划定在静明园西南原"溪田课耕"一带。颐和园事务所所长任命文牍主任高先生兼任游猎场场长。次年2月21日，北平市游猎场正式开幕。当时的《售弹规则》规定：子弹每粒二角五分；自带枪弹每施放一粒收费三分。这座游猎场确实吸引了不少狩猎爱好者前来，但是施放枪弹有射伤游人的危险，而猎场的开放也严重影响了静明园公园游人的参观游览，再加上颐和园事务所所长更替频繁，猎场的首倡者和主持修建者多已离职，游猎场不久便关闭了。虽然仅昙花一现，但也是出于静明园管理者的一片苦心，不忍心园囿闲置，想出主意创收，但因为场所在市内，且又有普通游览的游人出入，在安全管理上也存在重大隐患，所以不得不将其废弃。

（七）荣剑尘：从健锐营走出来的"单弦大王"

荣剑尘出生于西郊健锐营，满族，幼时还曾在健锐营习武，他是近代历史上著名的单弦大师，"荣派"单弦艺术的开创者。荣剑尘小时候常去离家不远的八角鼓票房看排练，十二三岁即能唱一些时调小曲，其后他向八角鼓名票庆厚庵、高俊山求教，学唱单弦牌子曲、联珠快书和拆唱八角鼓，兼学三弦、琵琶。短短几年的时间，荣剑尘在健锐营一带

便小有名气了。20岁的时候，荣剑尘成为明永顺开立单弦牌子曲门户的第一个弟子，从此正式以艺为生。民国初年，他从京西移居城内，住在北新桥。20世纪20年代，荣剑尘赴天津表演后走红，三四十年代是他演艺生涯的鼎盛期。后来曾因创业受阻致使精神一度不太正常。中华人民共和国成立后，他又重新焕发了艺术青春。说起来，荣剑尘也是从西山走出来的艺术大师之一。

（八）丁玲：苦居香山，笔杆开路

著名作家丁玲曾经于1927年在香山地区居住过一段时间。

香山风景秀美，远离闹市，适合文人们在此潜心写作。1927年间，丁玲与胡也频来到香山，为的就是在幽静的环境中写作，另外还有一个很重要的原因，就是民国时期的香山属于农村，这里物价低，房租也便宜，对于丁玲和胡也频两位书生来说，降低生活成本，潜心写出好作品才是要务。

丁玲和胡也频在此居住期间，曾靠典当衣物来换米。典当衣物需要进城，他俩结伴从香山走到西直门，再回来的时候天已经黑了，两个人黑灯瞎火地掉进了海淀的泥潭里，当地人称之为"漏子"，相当于沼泽，这是非常危险的，幸好他俩命大，遇到路过的人把他们救了出来。1927年12月，丁玲写成《梦珂》，在《小说月报》上发表，《小说月报》主编叶圣陶向丁玲约稿，于是1928年，丁玲又完成了《莎菲女士日记》，反映了她在蛰居香山期间，对于自己感情生活和世事变化的苦闷。

（九）冯文炳：创作于香山的《莫须有先生传》

冯文炳是现代小说家、民国时期语丝社的成员，1922年，他在周作人的帮助下进入北京大学读书，在北洋政府解散北京大学的时候，他来到了北京香山脚下的正黄旗北营，开始了一段离开师友，独自索居的日子。冯文炳为自己起了"废名"这一笔名，将自己居住的地方称为"常出屋斋"，意在虽然远离京城，避居村庄，但还是要经常出去走走，体验民情，收集写作素材。香山地区的古刹老僧和村落里热情古朴的村民，都为他的创作提供了丰富的素材。

香山古刹（香山公园武立佳提供）

冯文炳在香山居住期间，写成《桥》和《莫须有先生传》两部长篇小说，周作人曾赞美其小说之灵秀，来自于所居香山地区的人杰地灵。

冯文炳在《莫须有先生传》中留下了很多民国时期香山地区的风俗人情，如当时的人们为了生计，在山上打骆驼草，卖给煤厂街的驼户们，由此我们可以一窥香山百姓的生活来源和骆驼喂养及物流运输的情况。书中还写了香山地区的旗人们在冯玉祥发动政变后不得不自谋营生的现实，有的变卖家产，有的则靠出卖苦力为生。这些来源于香山的民生百态，不失为我们研究民国时期香山的重要资料了。

（十）鲁迅：三至碧云寺，来去皆匆匆

鲁迅先生在北京的这段时间里，为了给弟弟周作人在西山碧云寺寻找一处合适的疗养之地，曾3次来到碧云寺，但是每次都来去匆匆。据《鲁迅日记》载，鲁迅第一次来碧云寺是在1921年5月24日，与齐寿山同往，当天就回去了。3天后为了给周作人整理疗养所需的房间，带工人再次前往碧云寺，还在海淀喝了一顿酒。第三次来是与三弟周建人送二弟周作人前来，当天便返回了，还赶上这里下雨。

周作人在香山疗养期间，曾用诗文记录下自己的所见所感。

1929年，鲁迅还曾到西山模式口探望在此疗养的韦素园。

碧云寺（吕红梅摄）

（四）

在西山留下诗文的名人们

　　在西山一带，数香山地区的历史文化遗迹最多，因此此处的名人足迹也最多。尤其这里有众多清朝时期留下的皇家园林，名流雅士们到此之后，难免会诗兴大发，留下许多优美的诗文。1916年，商务印书馆出版了《本国新游记》一书，其中庄俞的《京华游览记》、高荣魁的《游颐和园记》、袁霖庆的《游西山记》都是与西山相关的游记文章。《京华游览记》中还记载了民国初所见的玉泉山景象。

当时玉泉山上有玉泉寺，寺内树木众多，山上的泉水众多，玉泉山也以水为名，泉水非常清澈、冰凉。玉泉寺前有两块石碑，都是由乾隆皇帝题记的，一块为"天下第一泉"，另一块是"御制玉泉山天下第一泉记"。当时已经有汽水公司看中了这里的水质，打算用这里的泉水制作饮料，但因技术问题，尚未成功。

根据文中记载，庄俞是1912年4月16日游览的玉泉山，可知该山的天下第一泉尚泉流奔涌，蔚为壮观。[1]

民国时期最早的一篇西山游记是袁霖庆在1912年写的《游西山记》，里面详细记录了作者在西山一带游览的路线和行程，为我们还原了民国时期民众赴西山游玩的真实场景。

沈兼士被认为是近代白话诗最早的作者之一，而他关于白话诗"真"趣的描述，恰巧与香山有关。沈兼士在一首题为《真》的诗中写道："我来香山已三月，领略风景不曾厌倦之。人言'山惟草树与泉石，未加雕饰何新奇？'我言'草香树色冷泉丑石都有真趣，妙处恰如白话诗'。"[2]

周作人曾在碧云寺养病，因为这里空气清新，对病情的康复极有帮助。他在养病期间写成了《西山小品》，记述了他在香山期间的生活状况及所见所闻，另外还著有《西山杂信》，这两篇著述结合在一起，真实记录了当时香山一带的普通民生状况。西山的好空气不只引来周作人来此养病，1931年和1932年，林徽因也曾因肺病在香山疗养，其间还留下了不少诗文，除此之外，她还与梁思成一起考察了卧佛寺、八大处等地的古建筑，为其后《平郊建筑杂录》的成书奠定了扎实的基础。这些

[1]　金涛：《寻找过去的风景》，《中国科学报》，2012年5月4日。

[2]　阚红柳主编：《民国香山诗文精选》，北京联合出版公司，2015年。

诗文既蕴含了作者的文采，又有对于香山地区社会、文化、医疗卫生状况的真实记录，不仅是研究名人本身的材料，也是研究民国时期香山地区历史、医疗史等方面的珍贵资料。

　　自号宛平布衣的吴质于1927年著有《香山名胜录》一书，该书于1934年出版，书中描述了20世纪二三十年代的香山名胜，其中有《远望灵光寺翠微山下香山饭店》的照片。

西山胜景（吕红梅摄）

颐和园景色3（叶盛东摄）

香山脚下植物园的景色（吕红梅摄）

　　1935年，李慎言著有《燕都名山游记》一书，书中记录了万寿山颐和园、玉泉山静明园及卧佛寺、碧云寺、八大处诸寺等古迹景观，使我们得以回看20世纪30年代西山胜迹的样子。

　　赵义所撰《静宜园新秋寻枫记》则适逢抗日战争胜利周年纪念之际，其中反映了当时北京社会全民活跃、谈笑览胜之形态……香山游记和诗文，不仅是香山绮丽自然风光的文字再现，也是香山历史文化多元性特点的真实反映，更是清代皇家园林历史文化传承与发展、香山历史乃至民国历史研究的珍贵史料。[1]

---

　　[1] 阚红柳主编：《民国香山诗文精选》，北京联合出版公司，2015年。

　　名人游圆明园、颐和园等西山境内皇家园林留下的文字诗篇更是不计其数，其内容多为对美景的赞赏或对昔日盛景被破坏的感慨。如 1913 年7月，李大钊与友人游圆明园，在看到夕阳里的圆明园遗址，徒留断壁残垣，杂草丛生，一片荒凉的景象之后，他留下一首诗来表达自己的感慨："玉阙琼楼委碧埃，兽蹄鸟迹走荒苔。残碑没尽宫人老，空向蒿莱拨劫灰。"

名流荟萃

第二章 近代各界名流长眠西山

在中国的传统文化中，丧葬文化是很重要的一项内容。在古代社会，帝王将相们为了寻找一个绝佳的埋葬之地而费尽心机，即使是平民百姓，也很重视身后事。到了近代，随着科学的发展，一些丧葬陋习得以修正，而为逝去的灵魂寻找一个安息之地还是作为中国的传统被保留至今。在香山附近，大量的名人墓葬静置山间，为香山平添了一抹肃静。

一

万花山上绕芳而葬

近代以来，在香山脚下，很多梨园名人也选择身后葬于西山，除了散落的墓园，万安公墓、金山陵园、福田公墓等也有梨园大师之墓，形成独特的梨园归葬特色，这也得归因于西山优美的自然风景。

在香山东麓的万花山，有著名的京剧大师梅兰芳先生及其妻子的墓园，也有京剧表演艺术家马连良的墓地，紧挨着马连良墓东侧的是言少朋墓和周和桐墓，不远处是王小楼的墓地，在半山腰则是徐兰沅之墓，他是梅兰芳的琴师。由于这么多京剧名人安葬于此，因此香山东麓的万花山又被人们称为"梨园墓地"。

（一）梅兰芳：梅宇刻石今犹在，大师芳华永留存

梅兰芳出生在北京，是我国著名的京剧表演艺术家，他与风景美丽的

西山也有很多关联。在他生前，曾多次来到西山，死后也栖身于西山。梅兰芳墓园位于今天的北京植物园内。梅兰芳字畹华，恰好北京海淀区香山以东有一座小山叫万花山，此山因清末山上有座供着万花娘娘的庙而得名。

1922年春，梅兰芳受朋友之邀来香山小住，就住在雨香馆别墅，他对此地情有独钟。不久其结发妻子王明华去世，梅兰芳便买下碧云寺东面万花山的一些土地，将王明华葬在此地，在他死后，也一并安葬于此。

梅兰芳先生的第一任妻子王明华是一位懂奉献、有胆识的女子，她为了辅佐梅兰芳的事业，做出了很多牺牲。比如，京剧《嫦娥奔月》中嫦娥的服装就是在王明华的设计下改造并成为范式的。老戏是把短裙系在袄子里边，王明华改为淡红软绸对胸袄外系一条白软绸长裙，腰间围的彩色花围用丝绦编成，中间系一条丝带，打着如意结，玉佩垂在两旁。这种设计后来成为程式化服饰。嫦娥头面的式样也是王明华设计的。为了能够更好地照顾梅兰芳，王明华在认为有一子一女的情况下，去做了节育手术。可是没想到的是，子女竟然都夭折了。这给王明华的打击很大，后来梅兰芳又娶了福芝芳，王明华独自前往天津，她身体不好，最终病逝于天津。幸福的前半生和苍凉的后半生，谁能知道独居天津的王明华内心的苦悲呢？

梅兰芳和福芝芳很喜欢香山这个地方，他们经常同友人到香山避暑小住，一起编排新戏、绘画、读书，在香山小住时，梅兰芳还会与好友齐如山、李时戟等人踏青。一次在逛到"鬼见愁"附近时，发现有一面平坦光滑的山石，在友人建议下，他们在石面上书写了一个近两人高的"梅"字，借此抒发雅兴。此"梅"字刻石倒是为当时经费缺乏的香山慈幼院争取到了一笔经费。由李时戟题字、齐如山雇石匠将字雕刻下来的这块"梅"石至今还在。

据说，当时香山公园负责人熊希龄先生找到梅兰芳，说在公园里公共场所留名刻字是要受罚的。他建议梅先生在香山饭店义演一场《宇宙锋》，将全部收入都捐给香山慈幼院，用这笔钱来抵罚金。梅兰芳欣然接受"处罚"，并立即照办。

梅兰芳来香山义演的消息传开以后，人们奔走相告，共同奔赴香山享受这场京剧盛宴。在香山临时搭成的简陋舞台上，梅兰芳先生演出了他的拿手剧目《宇宙锋》，人们报以热烈的掌声，义演所得的11000元钱全部捐给了香山慈幼院。一个"梅"字，保留了梅兰芳大师与香山的缘分痕迹，也为今日的香山增添了一处美丽的景观。

梅兰芳生前表达了想要葬入香山下私家墓园的愿望，他的第一任妻子早就已经葬在那里，他是要夫妻合葬的，于是在他去世后，夫人福芝芳按照其遗愿将其葬于私家墓园。梅兰芳墓园取"梅"字寓意，以梅花为基调，墓园、甬道、墓基和主墓都是梅花形状。墓地甬道的墓基上也都是梅花图案，墓碑为汉白玉材质，上面镌刻梅兰芳终生秘书许姬传手书的"梅兰芳之墓"和梅兰芳的生卒年。一朵水泥浇注的巨型梅花位于墓地中央，梅花下长眠着梅兰芳和他的两位夫人——王明华和福芝芳。梅氏族人梅兰芳的祖父梅巧玲、父亲梅竹芬、伯父梅雨田等人的墓在墓地的后半部分，共同构成了梅氏家族墓园。

自从梅兰芳安葬在万花山以后，戏曲界便有了"死后去见梅畹老"的风气，不少京剧界的名角为了生死都追随大师，也选择在此处作为魂归之地，例如与梅兰芳齐名的"四大须生"之一的马连良、老生言少朋、名旦任志秋、琴师徐兰沅等，这也成就了西山墓葬文化中的梨园一景。梅兰芳墓不仅是一个墓园，而且还是一处景点，一处文化活动的场所，为西山文化又增添了新的内涵。

雨后的西山春景（吕红梅摄）

（二）马连良：须生泰斗，独树一帜

　　1901年2月28日，马连良出生于北京阜成门外的一个富庶人家。马家原本家业不薄，祖产有长顺茶肆，坐落于阜成门闹市之中，行人熙来攘往，生意红火，西城一带称其为"门马茶馆"。8岁时，马连良家人见其痴迷京剧，便将其送往有着"梨园界君子"美誉的叶春善主持的"喜连成"科班，排"连"字辈，总教习萧长华先生为其起名为"连良"，从此便有了学名"马连良"。马连良学习京剧表演十分用功，他先是师从茹莱卿学武小生，后又师从叶春善、蔡荣桂、萧长华学老生，一年以后便登台演出。他学习认真，时常观摩谭鑫培所演的《连营寨》《天雷报》《捉放曹》《南阳关》等杰作，获益颇深。17岁时他学艺满10年，出科后应邀去福州担任主演。18岁返回北京，此时他已声名鹊起。1930年，他与周信芳一起

被誉为"南麒北马"。1936年，为了改革京剧表演艺术，马连良筹建了新新剧院，1938年在新新剧院表演反抗民族压迫的曲目《串龙珠》，被日伪政权强迫停演。抗日战争胜利后至中华人民共和国成立之前，他又多次在北京举办义演，彰显了马连良的爱国思想。

马连良的表演技艺精湛，深受梨园界及戏曲爱好者们的追捧，京谚有云："马连良的腔，山东馆的汤。"这是赞美山东厨师做菜看重吊汤，汤的味道与马连良的戏腔一样，给人以极美的享受。

马连良死后，当时没有条件按照回族的习俗安葬，他的骨灰暂时被停放在老山骨灰堂，直到1972年，梅兰芳先生的遗孀福芝芳女士主动用北京西山梅家墓地边上的两间房与当地生产队商量置换了一块地，才将马先生的骨灰安葬于此。当初墓地十分简陋，只堆了一个小土坟包，墓碑上空着，没敢写马连良的名字，而只用了马先生的字"马温如"代替。

马连良之墓（吕红梅摄）

经过几十年的风云变幻，马连良之墓已被掩藏在一片密林之中。他的墓穴以黑色大理石覆盖，两侧是两位夫人的墓，墓的后侧用黑色大理石立碑，上书"马连良之墓"，并配以回族的文字图案，以表明马连良的回族身份。

（三）言少朋：老生名家，言派第二代传人

言少朋是京剧言派的第二代传人，他的父亲言菊朋本是潭派须生，在大江南北都很有名气，他在学习潭派表演艺术的同时，自创了言派表演艺术。言少朋是言菊朋的长子，他自幼受家庭熏陶，边读书边随父学艺，并得韩珠子指导，后又师从马连良，学习了马派的表演艺术，1935年正式登台演出。言少朋墓位于香山东麓，距离他的师父马连良之墓仅2米多远。

言少朋墓非常简洁，长方形的主墓由青白色大理石筑成，主墓两侧被装饰成阶梯状，上刻金字"言少朋之墓"。言少朋生于北京，他于1955年加入青岛市京剧团，曾为中央领导表演言派专场，1980年在北京马连良先生诞辰纪念演出中最后一次登台。言少朋病逝于上海，两年后追随他的师父安葬于北京万花山下，许多京剧爱好者都会到万花山来追忆这位艺术大师。

（四）徐兰沅：六场通透，"胡琴圣手"

徐兰沅是梨园界的"胡琴圣手"，他通过自己对于京剧音乐的参透，对胡琴演奏技艺进行了改革与创新。徐兰沅主要为谭鑫培、梅兰芳两位京剧表演艺术大师操琴，也曾为谭鑫培、汪桂芬、孙菊仙等名角配过戏。

徐兰沅之墓（吕红梅摄）

徐兰沅是梅兰芳的琴师，两人合作良久，并共同探讨对京剧音乐的心得。例如，当时的京剧在为旦角伴奏时，多数情况下只用京胡，比较单薄，梅兰芳和徐兰沅讨论后决定加入二胡，因为京胡和二胡的音有八度的差距，二者合奏的声音效果要比单纯的京胡好很多。这样的创新也在京剧界获得了好评和认可。

徐兰沅还比较有经商头脑，他在北京还经营了一家专门销售京胡的铺面——竹兰轩。在20世纪30年代后期，他还入股了两家戏园子，并在其中一家占主要股份。1949年后，这些产业他都上交给国家。徐兰沅还热心京剧音乐及相关知识的传播与普及工作，曾在广播电台和一些学校教授过关于京剧的课程。

（五）王少楼：京剧武生

与徐兰沅墓并排相邻的是京剧武生王少楼墓。王少楼是梅兰芳原配夫人王明华的侄子，王少楼的夫人又是徐兰沅的长女。王少楼自幼曾跟随张春彦、雷喜福、李洪春等前辈学戏，因为姑父是梅兰芳的关系，得以进入梅宅接受戏曲大师的熏陶。1923年，12岁的王少楼正式拜余叔岩为师，成为余派弟子。1930年加入程砚秋的鸣和社，与程砚秋合作演出长达10年之久。1942年前后，王少楼因为嗓音问题无法继续登台演出。中华人民共和国成立后，他主要从事戏剧教学工作，培养了大批的演艺人才，为京剧艺术的传承做出了贡献。

王少楼墓由北京市戏曲学校、北京市振兴京昆协会所立，墓碑上书"著名京剧表演艺术家、戏曲教育家王少楼先生之墓"，黑色花岗岩的主墓碑与卧墓碑庄重、肃穆。

（六）周和桐：胡传魁的扮演者

周和桐出生于北京，毕业于中华戏曲专科学校（以培养适合时代之戏剧人才为办学宗旨，同时教授文化课，1941年停办），曾学过老生，后改学花脸。中华人民共和国成立后，他加入了马连良剧团（后转为北京京剧团），长期与马连良、谭富英、裘盛戎等合作演出。他功底深厚，表演传神，注重刻画人物性格。在京剧现代戏《芦荡火种》（后改为《沙家浜》）中扮演胡传魁，塑造了鲜明的人物形象，给观众留下了深刻的印象。

周和桐于1984年病逝，后追随梨园前辈安葬于万花山。周和桐与夫人丁佩环合葬，墓碑上刻着夫妻二人的名字、生卒年月。

二

西山陵园内的名人墓

位于西山一带的墓园中安放着大量名人的墓葬，他们长眠于此，成为我们今日研究西山的一项重要内容。

（一）万安公墓：万佑平安，魂归西山

万安公墓创办于20世纪30年代，其全名是"北平香山万安公墓"或"北京香山万安里万安公墓""平西香山万安园公墓"等。"万安"之名

一说取自山名，因为香山南麓有万安山，清朝吴长元《宸坦识略》曾记香山南为门头村，村后为万安山，即静宜园之西。据历史记载，在元朝时期，万安山附近建有弘教寺，号称"山中第一"，清朝时在弘教寺遗址上又建西山法海寺，即龙泉寺，又称北法海寺（往南的石景山区内也有法海寺，俗称南法海寺）。"万安"是弘教寺内一高僧的法号，这位高僧热衷于为百姓谋福利，深得百姓爱戴，故取山名为"万安山"。另一种说法则是取自佛教的"万佑平安"之意。

万安公墓所在地本来是要建一座学校的。1918年前后，曾任北洋政府交通部司长的蒋彬侯购得此地，计划建设一个"学者讲经之所"，恰逢政府号召改良旧的丧葬习俗，准备学习欧美葬制，改家族墓地为公共墓地，统一规划管理，于是这块土地的使用就发生了变化。这块地附近地域空旷，周围没有大型的村落，在这里举行殡葬仪式，一不会影响此地的居民生活，二也可使长眠于此的人们获得身后的安静。

万安公墓的创始人是蒋彬侯和王荣光，筹建两年之后，于1930年成功开办，当时公墓名为"平西香山万安园公墓事业"，于1931年9月在西城辟才胡同东口乐全胡同12号设立了公墓办事处，并专门设计了笺和墓徽一并对外使用。笺由曾任文化部副部长的齐燕铭题写，篆体。1932年5月修建了牌楼，为青砖结构，牌楼正面是清末进士朱宝慈题写的"北平香山万安公墓壬申仲夏之月"字样。现在的骨灰堂大门即为当时的牌楼。万安公墓墓区内按照"金木水火土"五行规划布局，符合中国传统文化中"入土为安"的丧葬理念。

万安公墓所处的地理位置极佳，自然环境优美且交通便利，距离市区比较近，又恰逢民国政府提倡新丧葬之风，所以在创立后得到了持续发展，创始人还设立了万安公墓章程和服务规范，对当时人们的丧

葬观念产生了非常大的影响，可以说在一定程度上影响了北京的丧葬历史。而民国时期很多葬在此地的名人墓葬也成为香山历史文化遗产中的重要内容，如女革命家任锐墓、李大钊烈士墓、抗日爱国将领马占山墓等。万安公墓的经营者在民国时期还非常新颖地借助了香山美丽的自然风景，每天固定时间允许游人参观，如1938年4月17日《益世报》报道："万安公墓为方便参观游览特设立开放日。"

万安公墓在开创之初主要由蒋彬侯和王荣光合资经营，随着民国时期的战乱和日本侵略者的入侵，公墓的事务也一度陷入停顿，入不敷出，后交由王荣光及其子王明德独资经营，支撑了20多年。20世纪40年代，为了经营，万安公墓还在《晨报》上做过广告，广告上说，万安公墓位于西郊香山风景名胜之地，背山面水，地理位置优越。这里土质肥厚，林木丛生，非常适合身后埋葬。而且城里到万安公墓交通便利，有公共汽车可以直达。万安公墓的设备也非常完善，有专人看护，绝不会让人在死后还有尸骨暴露于外的忧患。为了证实广告的真实性，万安公墓还进行了一次面向公众的开放参观活动。改革开放后，公墓的管理秩序得以修复。

自清末、民国以来，长眠于万安公墓内的名人有军政要员、文化界、学术界、科技界、体育界等各界名流，越来越多的人来探访名人墓园，这些墓园也成了西山一景。万安公墓里的名人墓园数量是最多的，规模也是最大的，其影响力最为广泛。

葬入万安公墓的名人很多，如李大钊、戴望舒、朱自清、何思源、曹禺、冯友兰、陈白尘、施今墨、容国团、孙敬修、王治昌、萧军、翁文灏、启功、王力等。在此仅对一些大家耳熟能详的，且在民国时期葬入万安公墓的名人进行简单介绍。

万安公墓（周怡摄）

朱自清墓

1948年8月，朱自清病逝于北京，10月遗骨葬入万安公墓。朱自清先生墓位于土区宇组，墓碑正中央有"朱自清先生之墓"及其生卒年月等字样，黑色，与方形的白色碑底相称，简单而醒目。墓盖上刻有"故国立清华大学教授朱自清先生之墓""民国三十七年八月十二日卒于北平"等字样，为哲学家冯友兰所题。朱自清墓是他和第二任夫人陈竹隐的合葬墓，陈竹隐于1990年去世，之后二人合葬。

一位蜚声文坛的诗人和散文家，其陵墓却朴素无华，一如他笔下的文字，朴素、平和、淡泊而厚重。

与朱自清合称为"清华双清"的浦江清之墓也在万安公墓。浦江清是著名古典文学研究专家，曾任教于清华大学、西南联合大学、北京大学。

浦江清墓（周怡摄）

戴望舒墓

戴望舒墓在万安公墓偏南一隅，墓碑上有著名作家茅盾亲笔书写的"诗人戴望舒之墓"字样。戴望舒的成名作是《雨巷》，因此又被称为"雨巷诗人"，他还是一位革命者，曾因从事革命活动而被捕入狱。1950年葬入万安公墓。

韦素园墓

韦素园英年早逝，在他短暂的生命里，在北京的时间有10年左右。在北京读书期间，1925年春，李霁野介绍韦素园去拜访鲁迅，此次见面后，经鲁迅推荐，他担任了《民报》副刊的编辑。同年，在鲁迅的倡导下，他与李霁野、台静农、韦丛芜、曹靖华组成了未名社。1926年创办了《莽原》半月刊，韦素园任责任编辑。他不但看稿、编稿，自己还译完了果戈理的《外套》，工作非常勤奋，经常熬夜。他在从事文学活动的同时，还为中国革命倾注了满腔热血。

戴望舒墓（周怡摄）

　　1928年，他因为咯血，身体的病症日益危重，不得不住进北京西山福寿岭疗养院。在患病治疗期间，他并未放松工作，一面坚持翻译和写作，一面记挂着未名社的工作，支持友人们的战斗。当时京西磨石口（今石景山模式口）福寿岭有两座疗养院，一座是1913年由美国人创建的西山同仁疗养院，一座是1933年由卢永春创建的西山平民疗养院。

　　鲁迅曾至疗养院看望病中的韦素园，这些资料保存在鲁迅的日记中，既反映出当时鲁迅与韦素园的交情，又留下了京西地区交通、社会状况等方面的资料。鲁迅在1929年5月与李霁野等人一起乘坐摩托车去看望了韦素园，还在疗养院吃了午饭。他们一行4人在早上8点上山，见到了尚不能起坐的韦素园。鲁迅写信给许广平描述韦素园晒黑了，精神状态还不错，但鲁迅想起韦素园的感情经历，联想到因病离韦素园而去的爱人，便觉得韦素园的生命之日短暂，令人伤痛。不过鲁迅4人与韦素园的交谈还是愉快的。

模式口的古建筑（吕红梅摄）

病中的韦素园坚持翻译完《外套》，并寄给了身在广州的鲁迅，当时的鲁迅曾经觉得他是不是感觉到自己将不久于世才玩命工作的，他想用最短的时间做最多的工作。鲁迅的预感成真了，韦素园的病最终没能治好，一个有为的好青年英年早逝了。1932年，韦素园因病逝于同仁医院，葬于香山万安公墓。鲁迅在韦素园去世后，写了一篇名为《忆韦素园君》的文章，里面记述了当他收到韦素园翻译的《外套》时，心里一惊，预感到韦素园即将离去，认为这是即将离世的韦素园留给自己的一份礼物。鲁迅还提到，自己能够赶到西山去见韦素园并与之畅谈，是一件非常庆幸的事情。

安葬于万安公墓的文学家还有很多，譬如爱国诗人、翻译家穆旦，词学研究家龙榆生、梁启勋（梁启超的弟弟），散文家王力，现代剧作家曹禺，作家李广田、魏巍等。数不清的名人作家在此长眠，他们的墓碑或繁或简，都静卧在西山美景当中，任人凭吊和怀念。

万安公墓里还安葬了很多科技名人，例如民国时期的化学家刘树杞、航空学家秦国镛等。

刘树杞墓

刘树杞，1890年生人。辛亥革命时，正在武昌求学的刘树杞参加了革命活动，积极拥护孙中山先生推翻帝制、建立民国的主张。他在学校读书时，不仅思想进步，而且学习成绩优异。辛亥革命后，他由湖北省官费派赴美国留学，1919年获化学工程博士学位。其后，曾相继担任培根化学实验室、法国驻美化验室、美国窦法化验室化学师和哥伦比亚大学化学讲师。[1]

---

[1] 李喜所：《留学生与中国现代学科群的构建》，《河北学刊》，2003年第6期。

1932年6月，北京大学实行学院制，设立文、理、法3个学院，刘树杞出任理学院院长。1935年9月12日，刘树杞病逝，年仅45岁，长期疲劳工作拖垮了他的身体。北京大学、厦门大学、武汉大学、中央大学联合在北平香山的万安公墓为其举行了公葬。

秦国镛之墓

秦国镛是中华民国空军创始人，1901年留学法国、比利时，回国后任陆军部参事。1913年，中国第一所航空学校——南苑航校成立，秦国镛被北洋政府任命为第一任校长。他亲自驾机试飞，成为第一个在国内驾机升空的中国人。在政府无力创办培训班的情况下，秦国镛自己开办了两期培训班，培养飞行员80多名，这些人中有很多人都成为中华人民共和国成立以后人民空军的骨干力量。1914年3月11日，秦国镛与教官厉燕各驾一架飞机，成功完成了中国人的第一次航线飞行。张勋复辟之时，秦国镛率机轰击清宫，溥仪在《我的前半生》一书中曾记述了飞机投下炸弹后，清宫内人们的慌乱情景，人都跑光了。此后他还驾机飞越秦岭。1920年他回到陆军部，被提升为陆军中将，授一等文虎勋章。1923年解甲归田，还曾在北京大学任教。秦国镛有两个儿子，长子秦家椿为北京大学拉丁语教授，次子秦家柱，在抗日战争中第一个驾机击落日机。不幸的是，秦国镛的两个儿子皆先于他离世，这对他的打击很大，再加上当时时局动荡，秦国镛于1940年在北平病逝，其遗体被安葬在北京香山，碑刻"中国航空第一人秦国镛之墓"。

香山景色秀美，四季各有亮点，尤其是秋日的满山红叶和冬日的"西山晴雪"都吸引人们驻足观赏，这样的美景也陪伴着长眠于此的人们。曾经，万安公墓是香山和京西文化底蕴的标志性建筑之一，如今，万安公墓同香山一起，为我们保护和开发三山五园及西山地区做出了自己的贡献。

（二）金山陵园：依山而建，落叶归根

金山陵园位于海淀西山国家森林公园内，处于燕京八景中"西山晴雪""香山红叶"的环抱之中，与香山碧云寺、卧佛寺毗邻，远能望见昆明湖，近能看到玉泉山，地理位置极佳。

金山陵园内的名人墓地也非常多，但它是20世纪90年代才营业的西山墓园，所以与本书相符的名人比较少，相关的两位名人墓地分别是后期移至此处的齐白石墓以及在民国时期就比较有名气的音乐家王洛宾墓。

齐白石墓

齐白石墓原先位于海淀区魏公村西南原湘潭公墓内，这块墓地是由白石大师生前自己选定购买的，墓碑上镌刻的题字都由大师亲笔书写。2013年6月底，齐白石墓迁移至北京香山的金山陵园。墓园位于金山陵园的后方，穿过一大片集体墓碑后，拾级而上，在西山的上坡处有一座碑亭，内有石碑一块，上面有齐白石老人的画像和生平简介，旁边的山石排列整齐，下方有金字"齐白石墓""海淀区重点文物保护单位"等字样。往上走几步便是墓地，依旧由长方形磨石组成，两墓并立，墓前植树一棵。

金山陵园内的齐白石墓（吕红梅摄）

王洛宾墓

王洛宾被誉为"西部民歌之父""西部歌王",他的墓,静静地矗立在西山的金山陵园中。

王洛宾出生在东城区的一个油画匠家庭,他的爷爷是颇有影响的民间艺术家,非常喜欢音乐,组成了家庭乐队,自娱自乐。其父王德桢在家庭的影响下,吹拉弹唱样样都行,这样的家庭氛围为培养王洛宾的音乐才华提供了条件。

王洛宾自小便在北京接受音乐的熏陶,上学的时候又接受了国外音乐家的熏陶,音乐起点非常高,而且他长期生活和工作在民间,曾赴西北各地上山下乡,广采民风,搜集了丰富的创作素材。20世纪30年代起,他开始投身于抗日救亡运动和中华民族的解放斗争事业中,并创作了大量音乐作品,许多歌曲广为传唱。王洛宾是一个多产的作家,一生创作的作品颇丰,其中广为传唱的歌曲有《达坂城的姑娘》《在那遥远的地方》《半个月亮爬上来》《掀起你的盖头来》等。

王洛宾墓坐落在"静谧苑"山崖边的首排中间,黄白石墓基,墓碑为长方形,三面均为白石护栏。陵墓由他的儿孙们共立。墓碑正面刻着王洛宾及其夫人黄玉兰的名字,墓表上刻有600余字的《民族音乐家王洛宾墓志铭》,墓碑的背后镌刻着王洛宾谱写的《在那遥远的地方》的手稿。

奚啸伯、李慕良之墓

奚啸伯、李慕良也安葬于金山陵园中,二人的墓均位于北静园。奚啸伯1910年出生于北京,是京剧老生、"后四大须生"之一、奚派的创始人。奚啸伯墓为黑灰色墓碑,上面镌刻着"奚啸伯"3个大字。李慕良素有"京胡泰斗"之称,他曾为北京京剧院的"五大头牌"马连良、谭富英、裘盛戎、张君秋、赵燕侠设计过唱腔。因其操琴技艺自成体系,又被人称为"李派"。

金山陵园附近的八角亭（吕红梅摄）

（三）福田公墓：福田寺旁，果香相伴

福田公墓位于西山风景区内，北依燕山龙脉，西邻佛教圣地八大处，南抱川流不息的永定河引水渠，东望京城，也是一处适宜灵魂栖息的胜地。福田公墓始建于20世纪30年代，因其毗邻福田寺，故取名福田公墓。又因墓区内种植了各种果树，所以又有"百亩果园"的美誉。

福田公墓作为现代公墓，是由北京救世新教会负责人沈性礼与原清末九门提督江朝宗之子江宝昌联合创办的。1941年，经河北省宛平县公署批准，北京特别市社会局和警察局备案后正式运营。

福田公墓内长眠了不少影响过中国历史的学术界、文学艺术界先贤，以及改变中国的科学名宿。安葬在这里的社会名流有末代皇帝溥仪的先父爱新觉罗·载沣，康有为先生的女儿康同璧以及丈夫罗昌、女儿罗仪凤，近代著名国学大师王国维，五四新文化运动的倡导者之一、著名文学理论家钱玄同，近代著名文选学家、历史学家、教育家高步瀛，现代著名文学家俞平伯，京剧表演艺术家郝寿臣、余叔岩、杨宝森、赵筱楼等梨园名流，中国装甲兵之父许光达大将，烈士吴石将军以及现代核物理学家钱三强先生等。

福田公墓内有国学大师王国维墓。1960年，清华大学将原本位于学校东侧的王国维墓迁葬到西山的福田公墓内。1985年，国家拨款对王国维墓及墓碑进行了修缮。现墓碑上书"海宁王国维先生之墓"，由沙孟海老人书。墓碑的背面为王国维先生在清华大学的学生戴家祥撰写的碑文，戴家祥于1926年考入清华大学国学研究院，曾是华东师范大学教授，是中国著名的历史学家、古文字学家。

王国维纪念像（周怡摄）

新文化运动的倡导者之一、著名的文学理论家钱玄同及其夫人徐婠贞也合葬于福田公墓。钱玄同于1913年到北京高等师范学校执教，其后在北京师范大学任教授20余年。1935年他起草了《第一批简体字表》，为中华人民共和国成立后使用简化字奠定了基础。钱玄同的长子钱秉雄、次子钱三强、三子钱秉充（后改名为钱德充）的墓地也都在福田公墓内。

京剧表演艺术家郝寿臣、余叔岩、杨宝森、赵筱楼等梨园名流的入葬，使得这里与香山的万花山一样，成为一处"梨园墓地"。

郝寿臣曾先后应邀参加梅兰芳的承华社、程砚秋的和声社、朱琴心的和胜社、马连良的春福社、言菊朋的民兴社、杨小楼的永胜社等班。

著名红学家俞平伯也葬于福田公墓，他是民国及现代历史上有名的红学家，与胡适并称为"新派红学"的创始人。

余叔岩，擅长京剧老生，师从谭鑫培，但又有创新，成为"新谭派"创始人，又称"余派"，他的学生中最为著名的就是孟小冬了。

高步瀛墓也于1947年由北师大师生移至福田公墓。高步瀛于1915年担任教育部社会司司长，后辞去官职，专任国立北平师范大学、私立中国大学、辅仁大学教授。在高步瀛任教期间，其在古籍注释学方面成绩突出，并将自己的科研引入教学中，深得学生们的喜爱。高步瀛在教育部工作期间，与鲁迅是同事。鲁迅在日记中也多次提到他，有时是一起吃饭，有时是出席高母的寿宴等。同样作为学者，二人也有书目互赠。据《鲁迅日记》记载，高步瀛送给鲁迅的书有《吕氏春秋点勘》《吴氏平点淮南子》《论衡举正》《淮南子集证》《抱朴子校补》，代鲁迅购买的书籍则有《王右丞集笺注》。鲁迅也曾将其所藏丛书转让给他。高步瀛于1940年去世，1947年移葬至福田公墓，以历史、文献学、目录学为精的北京大学教授余嘉锡撰写了碑文，碑文书写者为沈兼士，他在训诂、文字、音韵、档

案学等领域建树颇丰。

被称为清末最后外交家的梁敦彦也在1952年建北京市第十九中学之前，移灵至福田公墓，其墓碑上镌刻着"诰授光禄大夫外务部尚书顺德梁公崧生之墓"。1924年梁敦彦因病逝世，后葬于西郊万泉庄梁家花园内。梁敦彦是清政府第一批留美的学生之一，回国后在外务部中先后担任外务部侍郎、尚书，同时担任美国、墨西哥等国的公使，得到了张之洞的嘉许。其后，梁敦彦兼任京奉铁路总办，揭穿了英国、俄国及日本想要插手中国铁路的阴谋，力主中国的第一条铁路必须由中国人自己修建，推荐了詹天佑修建铁路，在清末事务中保护了国家利益。清朝灭亡后，以"遗老"自居，民国时期曾担任过交通总长。

郝寿臣墓（周怡摄）

三

在西山散落的名人墓

（一）刘氏二杰之墓：教我如何再想他

在香山的玉皇顶上有刘天华和其兄刘半农的墓。

1917年秋，经陈独秀推荐，刘半农到北京大学任法科预科教授，负责国文和文法的教学工作。之后，他先后到英国、法国、德国等地考察学习。1925年3月获得法国国家文学博士学位。其《汉语字声实验录》还在法国获过奖项。1925年秋，刘半农回国，重返北京大学任国文系教授，讲授语音学，同时任北京大学研究所国学门导师。他还在北京师范大学、中法大学、辅仁大学、北平大学女子学院等学校任职，曾被聘为中央研究院历史语言研究所研究员、民间文艺组主任、古物保管委员会委员、中国大辞典编纂处特约编纂员等。1932年北京大学研究院成立，刘半农任文史部主任。

1934年暑假，刘半农与北京大学研究所的师生在内蒙古考察方言时，被传染了回归热症，返京后医治无效去世，年仅43岁。刘半农逝世后，先停灵于嘉兴寺（在地安门外西黄城根五福里南口外），直到1935年5月29日，才被家人安葬在香山玉皇顶。该墓地是中法大学的公墓，因刘半农曾在中法大学任教，教书育人成绩丰厚，作为对学校有贡献的人，而得以葬入公墓。

刘天华是刘半农的弟弟，被誉为民族音乐一代宗师、近现代二胡鼻祖。他创作的作品既有中国传统音乐的特色，又吸取了西洋音乐的技法，

这使得他的作品具有极强的艺术生命力。在梅兰芳即将赴美国演出时，刘天华用了几个月的时间以记谱的方式完成了《梅兰芳歌曲谱》，刘半农曾经评价说："中国的歌剧，或者从此有些希望了。"1927年，刘天华在北京联合萧友梅、杨仲子等人创立了国乐改进社，目的是改进国乐，为国乐的改进和推广做出了巨大贡献。刘天华和刘半农还有个弟弟叫刘北茂，他们三兄弟一起被誉为"刘氏三杰"。三杰中有二杰葬于香山，也算是香山之幸了。

刘半农在游览香山时，创作了一首《游香山纪事诗》，被誉为新诗的代表作，最初刊载于《新青年》杂志1918年4期第2卷，其中部分内容摘录如下。

一

扬鞭出北门，心在香山麓。

朝阳浴马头，残露湿马足。

二

古刹门半开，微露金身佛。

颓唐一老僧，当窗缝破衲。

小僧手纸鸢，有线不盈尺。

远见行客来，笑向天空掷。

三

古墓傍小桥，桥上苔如洗。

牵马饮清流，人在清流底。

四

一曲横河水，风定波光静。

泛泛双白鹅，荡碎垂杨影。

刘半农墓（吕红梅摄）

刘天华墓（吕红梅摄）

刘半农最为知名的作品，是其于1920年在英国伦敦大学留学期间所作的诗篇《教我如何不想她》，全文内容如下。

> 天上飘着些微云，地上吹着些微风。
>
> 啊！微风吹动了我头发，教我如何不想她？
>
> 月光恋爱着海洋，海洋恋爱着月光。
>
> 啊！这般蜜也似的银夜，教我如何不想她？
>
> 水面落花慢慢流，
>
> 水底鱼儿慢慢游。
>
> 啊！燕子你说些什么话？教我如何不想她？
>
> 枯树在冷风里摇，野火在暮色中烧。
>
> 啊！西天还有些儿残霞，教我如何不想她？

刘半农在这首诗中首创了"她"字，并加以使用，这在当时是具有开创意义的。该诗由于音韵和谐，语言流畅，1926年被著名的语言学家赵元任谱成曲，广为传唱。赵元任的夫人杨步伟在回忆录中还提到了一件有趣的事。《教我如何不想她》流传开来以后，杨步伟那些北京女子文理学院的女学生非常爱唱，后来刘半农奉命接管该学院，当时他穿了一件中式的蓝布棉袍子来到学校，女学生们偷偷议论"怎么会是一个土老头"？杨步伟就告诉这些女学生这就是她们天天挂在嘴边的"他"呀，学生们都很惊讶，认为应该是个风流倜傥的人才能写出如此美的诗句，才更符合她们的想象啊。后来刘半农知道了这件事，为此而写了4句打油诗，幽默风趣，诗的内容如下。

教我如何不想他，请来共饮一杯茶。

原来如此一老叟，教我如何再想他。[1]

（二）谭鑫培墓：同光名伶，归葬京西

在西山风景区中的门头沟辖区内还有梨园大师谭鑫培的墓园。谭鑫培是京剧"同光名伶十三绝"之一、谭派的创始人，他于1917年病逝于北京，其墓位于门头沟区永定镇栗园庄村。谭鑫培生前是个虔诚的佛教居士，他为京城的很多寺庙捐了功德钱，其中京西戒台、潭柘两寺受惠最多。谭鑫培与戒台寺住持关系密切，后产生想葬于戒台寺的想法，住持将寺中茶棚地12亩腾出来，让大师作为墓茔。

谭鑫培墓前立一碑，正面刻字："曾祖谭鑫培墓""曾孙谭元寿重立"。碑的背面是谭鑫培的生平事迹，由戏曲界名人刘曾复、和宝堂撰文，王琴生手书。

（三）周自齐墓：清华学堂的创立者长眠于门头沟

清华学堂的创立者周自齐也葬于西山门头沟。周自齐在1911年2月—1912年1月出任清华学堂监督，在这期间，清华学堂对于人才的主要培养方向是公派出国留学，由周自齐主持考试，选派出直接留美生3批，共计约

---

[1] 刘寻：《关于〈教我如何不想她〉》，《文史精华》，2013年第1期。

200人。周自齐的墓地位于门头沟城子村西九龙山的龙泉寺东南部，民间称之为周家坟，墓地建筑极为讲究，极具民国时期建筑特色，最前方是一座气派的四柱三间青石牌坊，中门上额写有楷书"周氏墓道"，坊柱上刻有对联，上联为"控山带河奠灵城"，下联为"镇燕绍鲁衍华祁"，据说是民国总统徐世昌的手笔。

（四）王锡彤墓：洋灰大王，长眠香山

王锡彤是民国时期著名的实业家，葬于香山植物园卧佛寺东南部，为夫妻合葬，墓基由白石砌成。

（五）民国将军墓：戎马一生，安眠西山

在众多的西山名人墓中，还有一类人的墓也为数不少，那就是民国时期曾经叱咤风云的将军们的墓，他们身后也选择安眠于西山。

在香山脚下有佟麟阁墓、张绍曾墓、孙传芳墓；在八大处有鲍贵卿墓；在玉泉山有吴佩孚墓、曲同丰墓；在温泉乡的显龙山下有孙岳墓。

佟麟阁墓

佟麟阁墓位于香山脚下的兰涧沟，这里曾是著名抗日将领佟麟阁将军生活过的地方，也是他为国捐躯后的安息之所。佟麟阁是中国抗日战争中牺牲的首位高级将领，他为了保卫国家和民族而献身。佟麟阁将军牺牲于1937年，直到1946年，国民政府才为佟将军举行了隆重的国葬，上万人护送烈士的灵柩至

香山墓地，兰涧沟能够作为佟麟阁将军的长眠之地，也可谓青山有幸。

张绍曾墓

清朝末年，张绍曾因滦州兵谏被解除兵权。他的行为客观上对武昌起义起到了有力的援助，也因此而被视为缔造共和的功臣。其后，在西蒙会议中，张绍曾在维护国家统一、民族团结方面也做出了贡献。1922年，张绍曾任陆军次长，1923年任内阁总理兼陆军总长，在处理"学潮"等问题上大失民心，最终被迫辞职，死后葬于北京西山脚下。墓冢前为青石牌坊，书法家周肇祥额书"故国务总理张上将军之墓"。

孙传芳墓

孙传芳墓位于北京植物园内，在卧佛寺东侧，这里是孙传芳在生前就选好的墓地。晚年的孙传芳自愧杀人太多，归心向佛，后被施剑翘枪杀。孙传芳墓坐北朝南，分为坟冢、祠堂、松园3个部分。神道碑上书"恪威上将军总浙闽苏皖赣五省军务孙君神道碑"，落款为民国二十七年（1938年）。

孙传芳墓园（吕红梅摄）

鲍贵卿墓

鲍贵卿为辽宁省海城市人。民国初任少将旅长，1913年擢升中将，后来张作霖之女嫁给了鲍贵卿之子鲍英麟，遂与张作霖结成姻亲。张作霖举荐鲍贵卿为黑龙江省督军兼省长，加升上将衔，后任吉林督军。因与张作霖不和，又被调任为将军府霆威将军。1921年，他在香山公园修建了别墅。鲍贵卿经常往来于香山、八大处之间，其后又购买了卢师山弘德寺故址定为生圹，于1922年动工，1924年竣工。1934年，鲍贵卿在香山病故，葬于弘德寺故址，即八大处证果寺身后的野山上。地表建筑有牌坊、华表。现在墓区已被修饰一新，正中有一座三门开的牌坊，正门额坊上刻有"海城鲍氏家祠"的字样，斜后方是一对华表。

吴佩孚墓

吴佩孚是直系军阀的将领，他在日本侵略者面前保持了民族气节，因此也有值得称颂的一面。在他生前，有一次来到玉泉山下，见玉峰塔和高水湖、养水湖犹如笔、墨和砚台，而山的西南部有万亩粮田，恰似一张大纸，于是选定他日死后埋葬于此地。吴佩孚墓茔的确切地址为北京海淀区四季青乡西洪门村，当地人称之为"大宝顶"[1]。吴佩孚的妻子张佩兰于1949年病逝，后合葬于此墓内。"文革"时期，该墓碑被毁，棺木亦被毁。

曲同丰墓

曲同丰墓在距离吴佩孚墓不远处，曲同丰既是皖系将军，又是民国时期的实业家。他与吴佩孚曾在战场上兵戎相见，水火不容，却在死后同葬于玉泉山西侧，相伴长眠，也算是人生无常了吧。

---

[1] 吴运乾、吴运坤：《先祖父吴佩孚的生前身后事》，《百年潮》，2004年第4期。

孙岳墓

显龙山位于北京西郊的温泉乡，这里埋葬着中国现代史上一位功勋显赫的爱国将军孙岳。1924年，他与冯玉祥将军发动"北京政变"，震惊中外。北京政变后，他应李大钊的请求，全部释放了被吴佩孚关押的"二七罢工"的工人和工会干部。1928年病逝后，由国民政府出面购得温泉乡显龙山脚下的墓地，为之营葬并建陵园。

孙岳墓碑亭（吕红梅摄）

（六）范旭东墓：工业先导，功在中华

在香山正黄旗小营，有一座名为"范记坟地"的墓葬，里面安眠着民国时期的化学家、肥田粉的发明者范旭东，他于1945年去世。范旭东在日本京都帝国大学攻读化学，回国后立志走"工业救国"的道路，曾在天津创办盐场和碱厂，并培养了大批化学人才，博士侯德榜就是他从美国请回来

的。日本侵华时期，他坚持民族气节，不与日本人合作，1945年病逝于重庆，归葬到他生前就选好的墓地——香山正黄旗小营的山脚下，当地村民称之为"范记坟地"。

（七）萧友梅家族墓：岂能尽如人意，但求无愧我心

在香山脚下的碧云寺东侧有个村子叫公主坟村，这里长眠着民国时期著名的音乐家萧友梅及其7位亲属，但萧友梅是1940年在上海去世的，香山脚下的萧友梅墓中并没有其骨灰和坟茔，仅有纪念碑。

萧友梅是近代音乐史上开创了很多个"第一"的音乐家：他是第一个获得德国大学博士学位的中国人；他创办了北京女子高等师范学校音乐体育科，是中国第一个音乐教育机构；他组织了中国第一个管弦乐团；他还创办了国立音乐学院，这是中国近代史上第一所高等音乐学府。

1920年，萧友梅受蔡元培聘任，进入北京大学担任哲学系讲师，1922年在北京大学成立了音乐传习所，他和蔡元培同为负责人，还成立了著名的马褂乐队。

萧友梅去世后，归葬于上海虹桥万国公墓，但后来在周边开发建设时因未能及时迁坟，导致坟地被掩埋，痕迹难寻。后经有关部门协调，2007年，萧友梅纪念碑在香山脚下落成，愿一代音乐大师能在美丽的西山安息。

斯人已乘黄鹤去，西山一带众多的名人墓葬不单是一道景观，而且还是一种文化现象，名人们因为这里优美的风景而选择长眠于此，他们的归葬又为西山增添了人文内涵，在今后开发和利用西山的工作中，西山名人墓必定有其可以发挥的价值和作用。

名流荟萃

第三章 教育及科技名家掠影西山

一

倾听地球的心跳与发民之声

（一）李善邦：空山研妙理，西山也欣然

在京西海淀区北安河乡有名的大觉寺东边有一座名山，叫作鹫峰，此山原名秀峰，因岭头如一只兀立的雄鹫而得名。鹫峰海拔400多米，有数株古松挺立山巅，素有"小黄山"之称。明正德六年（1511年），在此山之巅建起秀峰寺。在今日的秀峰寺旁边，就是中国自建的第一个地震台——鹫峰地震台。

民国初期，国内对于地震的观测和研究都比较落后，1920年甘肃发生大地震，当时担任地质调查所所长的翁文灏与王烈、谢家荣等奔赴现场。回到北京后，翁文灏认为，为了填补国内地震研究的空白，地震台的建设势在必行。这时候，与丁文江、翁文灏交情很深，又热心于科学事业的北平知名律师林行规知道了此事。他在鹫峰上新建了一座别墅，旁边正好还有一块空地，便把这块空地捐给了地质调查所，供建设地震台使用。地点确定以后，翁文灏通过清华大学的叶企孙，请李善邦来负责筹建事宜。

李善邦是中国地震科学事业的开创者，也是中国最早的地震地球物理学家之一。李善邦自南京东南大学物理专业毕业后，在家乡的新民中学教物理、数学、英文，后来还兼任教务主任，但其后因故被解职。李善邦正赋闲在家时，翁文灏邀请他到北平主持鹫峰地震台工作。虽然他对地震学

并无研究，但依然决定前往。1930年初，李善邦到北平实业部地质调查所报到后，因为他之前没有任何地震观测或者研究的知识，翁文灏便让他先去上海徐家汇观象台实习一段时间。上海徐家汇观象台是由法国天主教耶稣会创办的，是中国大陆地区第一个地震台，台长是意大利人，他对待前去学习的中国人非常傲慢无礼，也不肯多传授知识。好在李善邦勤奋好学，他到小万柳堂地质研究所图书馆去借书，以自学为主，了解了相关的知识。

1930年6月，鹫峰地震台建设完成，李善邦从上海回京后，便立刻投入地震台的工作当中。他一个人组装从德国进口的地震仪器，在遇到困难时，就跟同事们大胆尝试，真可谓是地震事业中"摸着石头过河"的第一批专家。终于在1930年9月20日13时02分02秒，鹫峰地震台监测到了第一次地震。

李善邦像和鹫峰地震台（吕红梅摄）

鹫峰地震台（吕红梅摄）

　　鹫峰地震台位于山区，当时条件十分艰苦，那里没有交流电，仪器需要用电，而干电池又用不起，所以要定期雇骡马驮着蓄电瓶到几十千米外的清华园充电。在地震台工作期间，李善邦历经千难万苦，不断摸索，按国际共同标准定期刊印地震记录报告，并与世界各国的地震台交换信息。李善邦整理和发表的一些论文报告在当时引起了很大反响，改变了世界地震学界对于中国地震学的认知，也为我们今日研究近代地震事业的发展提供了宝贵的资料。

　　李善邦于1931年到日本东京帝国大学（今东京大学）地震研究所研习地震学，原计划留学3年，由于日本发动了侵华战争，李善邦提前回国，实际上在东京只停留了几个月。1932年，从爱沙尼亚进口的最新式地震仪被安装在台上，当年8月正式开始进行记录，记录地震多且准确。[1]

---

[1] 陈洪鹗、许瑛编著：《中国当代地球物理学的开拓者》，地震出版社，1994年

1934年秋—1936年夏，李善邦作为访问学者，先后到美国加州理工学院地震实验室、德国波茨坦地球物理研究所和耶那地震研究所学习。遗憾的是，李善邦学成归国后不久，七七事变就爆发了，此时又正遇李善邦的三子强荣出世，全家都在北平城里。他非常牵挂工作，想回鹫峰地震台收拾记录和笔记等资料，因郊外交通已被阻隔，无法通行，只好留话托付助手贾连亨，请他保全设备和资料。贾连亨与他的父亲连夜将地震台的仪器和部分珍贵图书打包，运往燕京大学，交与物理系教授李克效保管，仪器和书籍才没有落入日寇之手。

在抗日战争时期，抗日游击队也曾经使用过这里的房屋。

（二）林行规：捐献鹫峰精舍，支持地震事业发展

林行规是民国初期非常有名的大律师，他曾在南京临时政府任法律顾问，后因为不满当局所为，愤然辞去公职，来到北京，在京津地区用法律为百姓服务。他常常为穷人提供无偿的法律援助，在京津一带广受老百姓的敬重。

林行规在北京期间，喜欢在闲暇的时候游览山水，京西秀美的风景就吸引了他前来游览。1925年，林行规在京西秀峰山上购得了建于1917年的富绅徐容光的别墅，并将秀峰改名为鹫峰，将别墅更名为"鹫峰精舍"，在此静居读书，修身养性。1928年，林行规将鹫峰山下附近山边的土地一并买下，借助于优美的景色和古香古色的鹫峰精舍，吸引了不少名人前来赏景、小住，其中就有胡适、丁文江等人，他们慕名而来，在此小憩，林行规夫妇热情接待。1932年8月，胡适赋诗《读了鹫峰寺的

新旧碑记，敬题小诗，呈主人林行规先生》一首，当时胡适与丁文江前往鹫峰寺，林行规在此热情地接待了他们，并与翁文灏及鹫峰地震台的成员合影。

1934年4月15日，林行规夫妇邀请胡适一家游览西山，罗尔纲、章希吕随行。他们游览了黑龙潭、大觉寺，最后在秀峰寺就餐。据胡适记载，秀峰寺是由明朝的一个和尚建立的，林行规买下之后，就将其改名为鹫峰山庄。林行规为了上山方便，还整修了道路，也对山上的树木进行了增种，使得山上能开花结果的树增多了，景色也更美丽了。胡适认为这里的杏花比大觉寺的还要多，并称赞了林行规捐献土地作为地震台使用的善行。饭后，胡适一行接着登山远眺，提到了白阳河的状况，称其是只见白沙不见水。

秀峰寺及林行规像（吕红梅摄）

秀峰寺（吕红梅摄）

1937年3月22日，胡适还给林行规写信，感谢他在之前对友人的招待。1944年，林行规因病去世，葬于八大处附近的福田公墓。

（三）吴竹似：创办《新民报》，魂归大西山

民国时期新闻界的先驱吴竹似的墓地也在西山。吴竹似，江苏武进人。他的儿子吴敬琏于1930年出生，是中国经济学界的泰斗，当代中国杰出的经济学家、著名的市场经济学者，国务院发展研究中心研究员、国务院信息化专家咨询委员会副主任，国务院发展研究中心学术委员会副主任，中国企业发展研究中心顾问。

吴竹似是一位追求"新闻自由""为民喉舌"的新闻界先驱。吴竹似人称"少年才子",他在很小的时候就显示出文字和语言方面的天赋,读中学时,他的国文和英文都已经相当出色了。他在17岁时认识了邓季惺,后来在上海复旦大学读书时与她正式谈恋爱,并改名为"竹似"。1925年,吴竹似从复旦大学新闻系毕业,任南京中央通讯社记者,不久便与邓季惺结婚。之后,他担任四川《大中华日报》的主笔。他认为报纸应当是人民的喉舌,发表的内容应该能反映大众的呼声,但他在自己担任主笔的报纸上却不能畅所欲言,实现自己的从业理想。1928年,吴竹似和《大中华日报》的同事陈铭德等准备办一份能反映大众呼声,实现从业理想的报纸。1929年9月9日,《新民报》终于诞生了。或许是积劳成疾,吴竹似此时身患肺结核,一年多后病逝。

说到报业,西山鹫峰上的秀峰寺当算《北京日报》的摇篮。1945年8月—11月,中共华北局城市工作部在这里创办了《新闻要报》,作为专门对北平人民进行宣传的工具,这就是后来的《北京日报》。当时的社长是赵凡,采访组长为杜导正,秘书长是马建民,他们承担了报社的采访、编辑、电台、印刷、发行等所有工作。著名作家杨沫夫妇当时也在秀峰寺住过。杨沫曾就读于西郊的温泉女中,后来在北京大学做旁听生,《青春之歌》中就有她在北京大学旁听时的缩影。

(四)英敛之:水流云在,物是人非

英敛之,名华,敛之是他的字,别号安蹇,晚号万松野人,满族正红旗,北京市海淀人。他是中国近代史上著名的教育家、慈善家,

也是一位爱国的天主教领袖。1867年，英敛之出生于北京西郊蓝靛厂火器营正红旗营房。清王朝灭亡后，他自己便把这个复杂的姓氏取消了，只留英华为名。从此他的后代也都姓了英，著名导演英达就是他的曾孙。

1902年，英敛之在天津创办了《大公报》，并亲自担任总经理，前后达10年之久。1912年民国成立，英敛之回到故乡北京，此时他的工作重心转向香山静宜园女校的筹建上。为了筹建女校，英敛之来到了香山，住在香山的见心斋，自号"万松野人"。

为了开创男女平权，在熊希龄的资助下，英敛之对静宜园进行了整修，并于1912年与马相伯一起创办了静宜女子学校，由其妻爱新觉罗·淑仲担任校长，学生大多是香山附近的八旗闺秀，教师也大多为女性，在当时可谓女性寻求解放的先行。1913年，英敛之成立辅仁社研究国学，其后又对见心斋、梯云山馆、韵琴斋3处进行修缮，用来办学。在熊希龄设立香山慈幼局后，英敛之应邀出任慈幼局局长，主持收养灾童的各项日常工作。英敛之母亲的娘家就在温泉乡，但平时英敛之很少跟他们来往，只是年节时礼节性地前去看望。1913年2月，英敛之偕妻儿来到温泉乡，闲暇时他登上显龙山顶眺望，兴之所至，他挥洒大笔写下榜书"水流云在"4个字，下面题注："英敛之偕内子淑仲、小儿千里游此，偶取杜句寄意，时宣统退位之次年正月也。"

1917年以后，英敛之的身体日见衰弱，其间因需要筹办辅仁大学等相关事宜，便离开香山，回到城里，住在西安门大街的"且楼"。1926年1月10日，59岁的英敛之逝世于西安门的居所中。英敛之灵柩归葬于京西八里庄慈寿寺塔根下，这里是英氏家族墓地，1949年以后，政府征用这块土地，英敛之墓被迁移，后下落不明。

温泉乡秋景（吕红梅摄）

如今再登上显龙山去寻找当年的"水流云在"石刻，石刻字迹依旧清晰可寻，由此往山下看，林立的高楼已经在西山苍翠的绿色中占据了很大的面积，已不复英敛之当时登高望远所看到的景观了，正可谓"水流云在，物是人非"。

二

民国时期西山的教育、慈善名人

（一）熊希龄：香山慈幼院的创立者

熊希龄也是民国时期的大名人，1913年，他当选为民国第一任民选总理，组织了当时颇负盛名的"人才内阁"，后来因为反对袁世凯复辟，而辞去了总理职务。1917年，顺直省区发生大水灾，这场浩劫淹没了100余县，近2万个村子，受灾百姓超过600万人。熊希龄奉命督办水灾善后事宜，他心疼受灾的孩子们遭受饥寒之苦，又无家可归，于是便在北京设立了两所慈幼局，委托英敛之负责收养灾民的儿女。熊希龄想成立一所慈幼院，为那些因为各种原因而成为孤儿的可怜的孩子提供一个庇护所。熊希龄利用自己的关系多方奔走，最终前清皇室内务府将香山静宜园拨给熊希龄，作为筹建慈幼院的场地。在近代，西山的慈善使命由此开始，也因为慈幼院，才吸引了大批知名人士前来西山，既是为了献爱心，也是为了赏风光。

香山蒙养园（吕红梅摄）

　　慈幼院聘请施今墨到校主持教务，明确提出了使学生德、智、技、群全面发展的办院宗旨和教育方针。慈幼院首开职业教育，劳作课的内容多种多样：低年级学生自己动手做各种事情，包括设计小园地、栽种、制作手工、主持游艺会等，男、女生在10多岁以后还要去参加各种劳动。这些先进的教育思想早早地将知行合一、理论实践一体化的理念灌输其中，让当时的学生们受益匪浅。

　　1932年，一·二八淞沪抗战爆发后，熊希龄发布了《香山慈幼院院长通告》，他提出："国难临头，已及眉睫……国若能救，虽死亦荣……余

虽六十老翁，此心不甘亡虏，一息苟存，誓当奋斗。"[1]在熊希龄的组织领导下，香山慈幼院组成了义勇军，开赴上海战区支持抗战。1933年"长城抗战"爆发，熊希龄与长女熊芷和部分师生组成救护队，亲自前往长城古北口前线救护伤员。此后他一直投身于为难民、伤兵募捐的活动中，直到1937年12月25日，他终因劳累过度突发脑溢血，在香港溘然长逝。在熊希龄去世后，香山慈幼院一直艰难维持，直到1949年3月中共中央入驻后，才搬离了香山。1957年，在原来静宜园的旧址上建设了香山公园，正式对游人开放。

慈幼院创办之初，也面临经费紧张的问题，除了前文提到的熊希龄曾请梅兰芳演出获得一笔经费，1919年，慈幼院开始动工后，他决定在香山寺遗址上开设一个旅馆，用来对外经营，挣钱供应慈幼院的开销。香山寺始建于唐朝，在民国时期已经仅剩遗址了，熊希龄在此建成了一座两层的古典式楼阁及平台，将其命名为"甘露旅馆"。据《燕都名山游记》（李慎言著，1935年）记载，甘露旅馆内有中餐和西餐，还有茶。饭菜很干净，价格也不贵，但是房费很贵。房费贵估计也是熊希龄的一种经营策略，因为西山的美景吸引了大量达官贵人来此旅游，但普通游客是住不起的。

香山见证了熊希龄在民国时期为慈善事业和教育事业做出的贡献，其所为更为此处增添了深厚的人文内涵。

香山一棵松有一所住宅，为民国时期国货运动中著名的商人宋则久所有。宋则久字寿恒，则久一名得于"不息则久"。他于1931年后长居于

---

[1] 赵竞存：《香山慈幼院——记中国近代教育史上的一所独特的平民学校》，《唐山师范学院学报》，2001年第6期。

此。宋则久所经营的敦庆隆，是天津最大的绸布庄之一。他既是一名商人，也是一位文化名人。1912年，他创立了直隶国货维持会，任会长，提倡国货。1913年，他拿出半生积蓄，成立了天津第一家综合百货商店，正式打出"专卖国货"的旗号。他还创办了《售品所半月报》，该报刊发行了10余年之久，直到九一八事变后才停办。让宋则久的国货售品所与北京香山扯上关系的是员工福利。国货售品所有员工休假制度，凡是工龄满6年的职工，可以享受每年两周的假期，夏天的时候可以去北京香山宋则久的别墅避暑，这个香山别墅就是香山脚下一棵松。宋则久亲自起草了《香山别墅享用规则》，规则中表明这个别墅是为员工享受人生所用，别墅闲着的时候可以用来出租。所有员工和股东都可以遵守规则前来入住。

熊希龄墓园（吕红梅摄）

（二）祁国栋：海淀镇的慈善家

民国时期，海淀镇还出了一位热衷于慈善事业的爱国人士，他就是祁国栋。祁国栋是河北省霸州人，1907年考入协和大学，即后来的燕京大学。祁国栋读书期间学习非常刻苦，在此期间他成为一名虔诚的基督徒。1919年从燕京大学文学院毕业，1921年又获得燕京大学神学院学位，拥有双学士学位。祁国栋从燕京大学毕业后，便受聘于海淀福音堂做布道员，为他从事慈善和教育事业提供了条件。1924年，他成立了私立培元小学，自己任校长，其办学宗旨是无论贫富一律平等。1926年，祁国栋辞去海淀教会的职务赴上海，1927年他又回到北京，筹办海淀镇的基督教礼拜堂。1933年，教会建成大礼堂，这是海淀镇上唯一一座基督教礼拜堂，祁国栋被正式立为牧师。

日本帝国主义侵占北平以后，生灵涂炭。为了避免女性遭受日军凌辱及当地难民无处定居，祁国栋利用教会学校的教室和礼拜堂开办了难民临时收容所，有上千人在此躲过了劫难。1938年前后，海淀镇附近的百姓生计更加困难。他组织教会设立了一个舍粥厂，救济当地的贫困百姓。1941年，培元小学被强行关闭，师生被关在了学校内。1942年7月23日，祁国栋又被日本特务机关逮捕，之后在社会舆论的压力下才被释放。1944年，海淀私立培元中学成立，仍由祁国栋担任校长，该校设小学部和中学部。中华人民共和国成立后，培元中学与海淀蓝靛厂中学合并，成为北京市第十九中学，并在万泉庄原清末外交大臣梁敦彦的故宅梁氏花园遗址上新建校舍（今万泉河路83号）。培元中学的坎坷经历反映了中国近现代教育发展的坎坷历程，也倾注了祁国栋对海淀教育的心血与奉献。

除了创办学校，为了解决女子的生计问题，祁国栋还主持创建了海淀女子挑花工厂。20世纪30年代初，在燕京大学妇孺救济会的协助下，祁国栋与海淀基督教会在海淀镇、蓝靛厂和成府街分别筹建了3个挑花工厂。这些挑花工厂不仅解决了工人最基本的生活需要，而且还教授女工读书识字，其中很多女工在工厂的辅导下都达到了小学毕业程度。此外，祁国栋还于20世纪30年代初筹建了海淀镇第一所新式助产医院和女子养老院。助产医院有3位受过专门医学教育的助产士在医院工作，燕京大学的美籍校医也从事该院的治疗工作。她们会登门拜访孕妇，为其登记造册，定期到家中去做产前检查，宣传讲解与孕产妇及胎儿相关的卫生知识。妇女养老院是专门为60岁以上、失去照顾和自理能力的老年女性设立的，由海淀基督教会资助，符合条件的女性可免费入住，该院于1949年停办。

祁国栋一生致力于海淀地区的教会事业和慈善事业，在海淀地区兴办了多所中小学及女性工厂，开创了海淀地区女性慈善事业之先河。

（三）朱东海：实业家的玉泉山足迹

京西玉泉山的水质极好，这里的水本由清朝朝廷独享。民国时期，在实业发展的背景下，有两位实业家先后在此地开办工厂，利用这里的好水质，发展汽水、啤酒产业，他们就是朱东海和卢梦颜。

朱东海，又名朱克庚，是民国时期著名的商人，他曾担任民国三海办事处（1913年成立）的委员。1913年，朱东海租借了静明园房屋土地及泉水，准备开办玉泉山啤酒汽水公司。为了与啤酒汽水公司配套，他还在玉

泉山南宫门外创建玉泉旅馆，并打算投资修建城内至玉泉山的公路，还计划组建自己的客运及货运电、汽车公司。为此，他租用了玉泉山下的不少土地，还占用了当年乾隆皇帝的寝宫华滋馆。朱东海很有经商头脑，而且已经有了垄断经营的意识。为防止别人也在玉泉山另建汽水厂，除使用天下第一泉的泉水，他还租下了玉泉山至青龙桥的玉河水。1914年，玉泉山啤酒汽水公司开业，并在《顺天时报》上刊登了广告。公司开业以后，业务发展顺利，很快就有其他公司做出仿冒产品，为此朱东海还将对方告上法庭，打赢了官司。但因为资金周转不足，朱东海于1916年向美国商人付雷萨贷款，以实现之前所拟定的修路、建旅馆等事宜，并开通了啤酒生产线。一时间，很多政界人士，如黎元洪、张勋等纷纷注资，在啤酒厂占有股份。

朱东海还是民国时期旅游业的领军人物。他将所租的苇塘和稻田租给附近农民种植莲藕、荷花，使得玉泉山下美景倍增，京西一带成为民国时期市民游玩的胜地。朱东海的玉泉旅游中心是北京近代史上出现比较早的旅游公司。1918年，第一条通往玉泉山的京西公路通行，朱东海又在海淀设立汽车修理处一所。1919年，他又在西直门外高亮桥（今高梁桥）设置了第一个汽车站。此后，朱东海又计划在静明园内兴建旅馆，但被清室拒绝。最终，他在颐和园东宫门牌楼外租了一块地皮兴建旅馆。旅馆建成后，在玉泉山、静明园等处实行售票参观的办法，吸引了京城内外及国外友人的入住，绝对称得上是早期国际旅游的典范。

1926年，朱东海因无力偿还10年前向付雷萨所借的款项，导致玉泉山啤酒汽水公司制作汽水的机器被公开拍卖，用于抵账。

三

西山的其他名家

（一）"白喉救星"明柳泉大夫

20世纪30年代，海淀香山地区出现了一位救治流行病白喉的大夫，此人身材高大魁梧，长方脸庞，慈眉善目，身穿灰布粗衣，有求必应，义务行医，他就是西山一带著名的民间喉科专家明柳泉大夫。明柳泉大夫本名关明肇，清帝逊位前，他曾为八旗旗兵，担任蓝翎长（八旗正九品武官，头戴金顶蓝翎冠），家住香山健锐营镶黄旗南营。清朝灭亡之后，他便解甲归田。关于其治病救人的技能，当地人还有一个传说，说他的医术来自天赐。据说，在某个冬天的早上，他在营房西门外道上散步，在地上捡到一本书，其名曰《白喉忌表决微》。平素笃信"观音大士"的他想到此时村民中白喉流行，认为这是"天赐医书"，于是便在务农之暇专心研读。他后来还集资重修了北辛村北隅的关帝小庙一楹。庙中新建北房4间，环以围墙，院落古槐盈亩，东眺玉泉宝塔。明柳泉在此梵修，人们又称他为柳泉居士。现在庙宇已无。

为何当地人会得白喉这种流行病呢？原来在民国时期的海淀香山一带，虽有不少豪家别墅，但在这里生活的绝大部分都是普通民众，他们的生活十分困苦。因冬日严寒，村民们于岁寒时节多以火炕取暖，致使每到冬春时节，人们焦躁集热，加之卫生欠佳，便导致白喉疾病肆虐。这种病症是由白喉杆菌所引起的，会经呼吸道传播，严重时还会致人死亡。在

当时的医疗条件下，白喉可以说是一种极难治愈的病症，民众生活本就贫困，无地延医问药，从而导致当时的死亡率颇高。

明柳泉多以"养阴清肺汤"加以"填鸭散"辅以针灸治疗白喉，药到病除。他还结交了海淀镇的著名中医寇梦杰大夫，并经常切磋医术，使其医术达到一定的造诣。明柳泉除坚持每日出诊，对于危病患者，他还会外出就诊，近则里许，远达温泉乡、北安河，东至青龙桥、船营，南至黄村，西至挂甲塔、东山、孟窝等地区，凡来求助，无不应诊。他以驴代步，虽然辛苦，却以此为乐。明柳泉义务行医10多年，在西山一带被誉为"白喉救星"，非常受人尊敬。20世纪30年代，乡绅好友与病患愈者为他敲锣打鼓地送去了匾额，感谢他的救命之恩。

（二）妙笔留图，惠及百世的金勋

说起近代园林史上最大的创痛，人们就会想到1860年英法联军入侵北京时对圆明园的焚毁与劫掠。时过境迁，人们想要一睹昔日的胜迹美景，从文献史料、考古发掘等各种方式入手，费尽辛苦，却也难窥其真容。而在这时，利用相关图像资料，帮助人们了解这万园之园的壮丽景象就显得弥足珍贵了。描述圆明园的图像资料不少，在众多的图像中，绘制于民国时期的《圆明园鸟瞰图》《圆明园复旧图》无疑是极为重要的两幅画作。

《圆明园鸟瞰图》的尺寸为94厘米×184.8厘米，《圆明园复旧图》（比例为1：400）的尺寸为178.4厘米×327.4厘米，两幅图均于民国二十年（1931年）前后编绘而成，采用山水形象画法，色彩艳丽，形象地再现了

清同治十二年（1873年）重修圆明园后且三园被焚毁前的盛况，是研究圆明园全景的珍贵史料。

金勋字旭九，满族人。他是个土生土长的海淀人，家就在成府村。金勋生于光绪七年四月十日（1881年5月26日），其家庭是一个建筑营造世家，其父金荣山，字书田，住在成府村书铺胡同，曾充任天利木厂铺长，在同治时期曾多次承接朝廷的建筑工程，因此家中保存了部分建造清宫的图纸和烫样。金勋与圆明园的接触从幼年时就开始了。他在幼年时曾在圆明园正觉寺出家当喇嘛，15岁进入如意馆当学徒，后在圆明园堂档房当差。虽然金勋在圆明园当差时圆明园已遭浩劫，但毕竟时间间隔不长，幼年及少年时期的见闻都为他后来对圆明园的研究打下了基础。

1900年八国联军入侵中国之后，尤其是民国建立之初至溥仪出宫之后，圆明园管理松散，被民间私自拆毁得面目全非。亲眼看着圆明园从一座皇家园林变成了一片瓦砾废墟，金勋无比痛心。自此他开始从事圆明园史料、文献的收集、研究和遗址的实地测绘工作，终生未曾间断对于圆明园的研究。金勋早年专门学习过中国传统建筑彩画的绘制，曾参与了颐和园长廊的彩画重绘工作。他经过自学，在工程图纸的绘制方面得到较高造诣，曾参与了燕京大学新校园（今北京大学）的建设，并负责绘制博雅塔等建筑的设计施工图纸，这都使得他的圆明园研究成果具有相当的学术水平。

1924年，根据仅存的标志性建筑遗迹和历史上的书画资料，金勋绘制了第一幅大比例尺的圆明园全景平面图，这是圆明园研究史上第一次用现代科学方法绘制的平面图，成为其后关于圆明园研究、测绘的重要资料。1931年前后，金勋在朱启钤创办的中国营造学社担任绘图员，根据学社所制实测资料及"样式雷"图档，考释性地绘制完成了《圆明园复旧图》。

颐和园景色4（叶盛东摄）

1932年，他担任北平图书馆舆图组馆员，遵照朱启钤的嘱托，继续整理"样式雷"图档。他长期在工程阅览室工作，有机会大量接触、了解圆明园的史料，因此在对圆明园的研究方面取得了很大的成就。他曾绘制出圆明园内原有各景区的平面图、立体图共计300多张，还编写了多种有关圆明园的文字资料，如《圆明园文源阁纪实》《圆明园四园详细地名表》等，其编写的有关圆明园的著作现在多藏于中国国家图书馆和中国国家博物馆内。

昔日圆明园的盛景已不复存在，正是因为消失且又极具价值，才会让后世的人念念不忘。恢复圆明园本来的面貌是后来学者孜孜以求的目标，而要实现这一目标，就需要依仗前人的研究成果和留存史料，从这一点上来说，金勋先生的绘图工作其价值非常大。金勋于1976年逝世，终年95岁，斯人已逝，画作长存。今日，唯有努力结合金勋留存的画作，同时结合史料，尽力恢复昔日繁盛的万园之园，才是对他最好的纪念。

（三）袁克定：太子梦醒，寄居西山残垣

民国时期，袁世凯的复辟梦使得其长子袁克定也一同做了一场太子梦，而复辟帝制失败后，袁克定的太子梦也随之破裂，昔日众星捧月般的待遇如烟云散去，连容身之所都是其他亲人提供的，不得不说他的晚景非常凄凉。

袁克定，字云台，号蝶庵，别号慧能居士，生于1878年。袁世凯原本希望长子能够科举成名，但袁克定参加一次乡试落榜后，便将时文付之一

炬，开始学习英、德、日、法诸国语言，其中德文和英文最为精通。袁世凯又为他聘请名师，讲读经史群籍，研读兵法，博求经世之术。果然，袁克定对官场之事熟谙通达，政治上抱有野心，时常为其父出谋划策，以"太子"自居，筹划洪宪帝制也是他在幕后主持的。袁世凯称帝失败去世后，袁克定也终止了他的政治活动，靠先父遗产挥霍度日。在将大量财产挥霍一空后，他的生活陷入困顿，连最起码的生活来源也断绝了。向来重视亲情、友情胜于金钱的张伯驹，向他这位走投无路的表哥伸出了援助之手，把他请到承泽园来长住。

张伯驹之女张传彩在一篇回忆文章中提到，袁克定在张伯驹一家搬到承泽园后，就和他们住在一起。张伯驹一家在承泽园最后面的房子里住，而袁克定的房子则在承泽园前面的东偏院。此时袁克定已经70多岁了，和他的老伴一起生活，但他们各自住各自的房间，由袁克定的侄女、老十七（袁世凯第十七个儿子袁克友）的女儿照顾。在张传彩眼中，袁克定只是一个很可怜、没人关心、有些孤僻的老人。他待人很客气、和善，总是微微欠身点头致意，对孩子也一样。他年轻时曾到德国留学，所以精通德语，看的书也以德文书居多，有时也翻译一些文章。或许是因为早年跟随袁世凯四处游走，他的口音有些杂，听不出是河南、天津还是北京话。[1]

袁克定的一生，在政治上完全是为袁世凯称帝效劳尽力，但也有一件事得到了社会的认可和肯定，那就是在日伪时期，他拒绝出山当汉奸。卢沟桥事变后，日本陆军中将坂西利八郎和陆军特务机关土肥原贤二等人，为了建立稳固的汉奸政权，想要利用袁克定的特殊身份，借以号召、网罗

---

[1] 张恩岭编著：《张伯驹传》，花城出版社，2013年。

袁世凯的北洋旧部，即常往袁宅晤谈，同时还以高官为诱饵。袁克定虽然思想保守落后，但在外敌入侵、国难当头面前，却晓得民族大义，以年迈多病为由婉言谢绝。

那时，张伯驹与袁克定都住在颐和园，袁克定住在清华轩（排云殿西侧），张伯驹住在云松巢（在清华轩、宝云阁西侧），相距不远。袁克定几次与表弟商谈此事，那时他的经济已经很困难了，掂量再三，认为人固然要有财源，但也不能因此而做汉奸。日本人又指使伪北平市市长余晋和、伪临时政府建设总署督办殷同、教育总署督办汤尔和、司法部长朱深，盗用袁克定的名字，联合《新民报》刊登《拥护东亚新秩序》的声明，以迫使其就范。袁克定见报后，致函北平各报馆，公开澄清他不在联名之列，各报馆均不敢登载。他又辗转托人，得到日本人野畸诚近的帮助，才得以登报声明称《拥护东亚新秩序》的声明未经本人同意，署名不予承认。当时他的身体不好，对任何事情都不闻不问，并拒见宾客。虽然他与汪精卫拜过盟兄弟，而且有书信来往，但他终究走了一条与汉奸汪精卫截然不同的道路。就是这样一件事情，人们也没忘记。在中华人民共和国成立初期，经担任中央文史馆馆长的章士钊先生提请批准，袁克定被聘为馆员，每月有60元的薪水。他每次拿到工资后，总要交给潘素。张伯驹说既然把表哥接到家里来了，在钱上就不能计较，断然拒收。后来袁克定又因表现不好，被文史馆除名了。

1954年，张伯驹将承泽园卖给北京大学后，又在西城为袁克定买了一处房产，供他养老之用，并继续供给他生活费用，一直到1955年袁克定去世。

四

西山的名家花园与别墅

在北京西山，法国人贝熙业的贝家花园闻名中外，其精美的人工建筑掩映于西山秀美的风景中，成为很多游人到此必游的名家别墅。其实，在民国时期，西山因其地理和自然原因，一直都是各界名流修建别墅、庄园的胜地，比如八大处灵光寺内有关崇谦撰写的《重兴灵光寺碑记》，碑阴镌刻着捐款人的名单，这些人有叶恭绰、唐在礼、徐鼎霖、王金钰、鲍廷九（鲍贵卿）。这些人中除了鲍贵卿，其余几位均在八大处建有别墅，这些只是西山名人别墅中很少的一部分。据统计，民国时期在西山兴建的花园别墅有70处之多，分布在西山八大处地区、香山地区、温泉乡地区和北安河地区。[1]这些名家别墅在当时除了供主人自住，还会提供给一些文化名人、政府要员等来西山游玩时居住。例如，1923年，胡适来西山游玩，丁文江事先为他借好了房子，备选的住所有八大处刘厚生的一处宅院和香山的一处别墅，最后选定住在八大处，因为丁文江认为西山的房子，秘魔崖刘宅最为合宜，因为不但房间较多、较大，能装下带来的书和家眷，而且离黄村车站很近，交通便利。

（一）香山地区的名人别墅与花园

香山地区的名人别墅众多，1935年，作家李慎言携友漫游香山，其后

---

[1]　常华：《文化名人与北京西山》，《北京档案》，2013年第12期。

著有《燕都名山游记》一书，书中提到香山曰："建筑日增，名胜日著，游人渐多。然因有钱有势者租购山林，改建别墅，旧时胜迹既少存在，庐山真面目已不易辨认了。"可见，虽然这些名人别墅在日后也成为香山一景，但还是在一定程度上毁坏了原来的清代建筑。

据常华《文化名人与北京西山》一文统计，香山地区的名人别墅截至中华人民共和国成立前且目前尚存或者存有遗址的有10多处，如佟麟阁将军的宅园、程砚秋的程家花园、乐松生的乐家花园、李四光位于象鼻子沟的故居、周学熙别墅、张謇的梯云山馆、庄乐峰的重翠崦、萧振瀛的玉华山庄、周作民的芙蓉馆、李石曾的小南园、周肇祥的周家花园等。除此之外，还有一些已经无存的名人别墅，如梅兰芳的雨香馆、顾孟余宅园、鲍玉林宅园等。下面先来记叙一下香山脚下周家花园及其主人周肇祥的往事。

绿树掩映中的古建筑（吕红梅摄）

周肇祥，中国近代著名的书画家，字嵩灵，号养斋、退翁，浙江绍兴人，他是清末的举人，毕业于天津法政学校，历任奉天警务局总办等职务，后追随总统徐世昌，在北洋政府担任湖南省省长、临时参议院参政、古物陈列所所长、国学馆副馆长。他的前半生都奋斗在官场，在他晚年，购买了香山脚下卧佛寺西边的"西沟"（即今樱桃沟），在这里建造了一座周家花园。周肇祥虽曾在北洋政府任职，但与其说他是一个官员，不如说他是一个文化人。

首先，周肇祥具有很强的爱护文物的意识。他在1926年9月—1928年2月任古物陈列所第四任所长。在任期间，他非常重视古物的鉴定、整理工作。因为当时古物所的文物种类繁多，但都没有进行专门的分类，所以他专门呈请内务部设立鉴定委员会附属于古物所，聘请中外文物鉴定专家对所内文物进行鉴定。古物陈列所鉴定委员会于1927年2月正式成立。此外，周肇祥还主持编辑了《古物陈列所书画目录》《书画集》等书。这项工作持续了一年多，极大地改变了所内文物好坏混杂的状况。

1926年冬，德国、瑞士等国的科学家组成以斯文赫定为首的远征队，打算到中国西北做全面的科学考察，这引起中国学术界和文化界的义愤，誓要维护中国的文化主权。1927年3月，中国学术团体协会理事会推选周肇祥与北京大学地质系教授李四光、考古学家袁复礼，清华大学国学研究院考古学家李济等为代表，与斯文赫定谈判，使得斯文赫定的团队接受了中方的条件：由中国学术团体协会主办西北科学考察活动，由中国学术团体协会组织西北科学考察团理事会，理事会委任中外团员及中外团长，监督并指挥考察团进行的一切事务，并对中外团长的职责以及采集品和考察成果的归属都做了明确的规定。这一事件扩大了古物陈列所的社会影响。

其次，周肇祥还是一位著名的画家。1926年，他与金城等著名画家创

办了中国画学研究会，在京主持研究会事务10余年，曾赴上海、天津等地举办画展。在其居住在香山期间，据香山脚下的老人黄静远和姜林贵等人回忆，周肇祥曾说如果自己没钱花了，就会只身带着自己的字画去日本。在20世纪80年代，香山的一些老人还回忆说自己小时候还见过周肇祥，觉得他是位大画家和大军阀，给他起外号叫"周胡子"。他在香山脚下丈量土地并埋下了不少石头和木头桩子，上面都写了周肇祥的堂号静远堂。据说80年代的时候还能在香山西沟看见少量的石头桩子。周肇祥建了周家花园后，将当时的广慧观改为了广慧庵，将北面的五华观改为五华寺。1949年后，广慧庵成为农科院蜂蜜研究所所在地，而五华寺则归中国计量科学研究院使用。香山脚下俗称为"黑门庙"的就是广慧庵，因为它的寺门是黑色的。

周肇祥虽然在香山建了周家花园，但在这里居住的时候并不多，很多事都由他的一位胡姓管家打理，这位管家在百姓中间没有获得好名声，他自己也在香山的东沟建了一座胡家花园，附庸风雅之意非常明显，但同为"花园"，差别却很大。

周肇祥还曾游览慈寿寺，并作诗一首。

周肇祥在香山脚下花费了不少钱进行营建，并将先他而去的夫人的墓地安放在此，想在自己百年之后也葬在这里。1949年后，这里的土地归国家管理和分配。

下面简单介绍一下香山附近其他一些名人别墅。

田中玉别墅，田中玉是皖系军阀之一，在香山静宜园洪光寺建立了私邸，建于20世纪20年代末至30年代初，现为一幢单层建筑（存在阁楼层），具有明显西式特征，别墅院内依然可见千佛亭的基座。现此建筑几经修复，保存尚好，现在是香山别墅会议用房。

北京植物园樱桃沟内的水杉林（吕红梅摄）

北京植物园樱桃沟附近的小景（吕红梅摄）

　　周作民别墅，周作民是民国时期著名的银行家，金城银行总经理，他的私人别墅是20世纪20年代在静宜园芙蓉坪的旧址上改建的，改建后更名为芙蓉馆。1957—1984年几经修缮，现作为香山别墅客房使用。

　　庄乐峰别墅，庄乐峰是民国时期天津的一位实业家，天津耀华学校的创始人。他于20世纪20年代，在原静宜园二十八景之一的重翠崦上修建了别墅。修建时对清时期的格局改变不大。

　　张謇别墅，张謇是清末民初的著名实业家，他于1931年改建了原清静宜园梯云山馆作为自己的别墅。梯云山馆得名于该处坐落于香山山腰，常有云雾缭绕，嘉庆皇帝还曾亲题"梯云山馆"匾挂于原建筑外檐处。如今只剩下空荡荡的三间大屋，已非旧貌。

　　此外还有冯耿光别墅，建于1931年，其基址为原静宜园雨香馆。冯耿光历任民国时期袁世凯政府的少将、中国银行总裁、新华银行董事长、联华影业公司董事等职务，与京剧表演艺术大师梅兰芳关系极好。

　　冯庸别墅，冯庸是东北军将领冯麟阁之子，曾任东北空军司令，创办了冯庸大学（后并入东北大学）。这是他的私人别墅，建于20世纪20年代，在原静宜园二十八景之一的森玉笏遗址上改建而成。

　　萧振瀛别墅，萧振瀛在民国时期曾为天津市市长。他的别墅建于20世纪20年代，依玉华三院基址而建。

　　另外还有周伯武别墅等。

香雾窟（香山公园武立佳提供）

香山公园内的民国别墅（吕红梅摄）

香山上的这些近代别墅建筑，其主人不是高官显贵就是实业家，属于经济条件较好又有时间来此休闲养生的特定人群，而之所以在此修建别墅，也不外乎有以下三个原因：一是自然美景的吸引；二是清朝兴建静宜园及其周边建筑的影响，在这些建筑基址上再次修建别墅，能够充分利用已有的格局，在古典中国特色的基础上融入近代传入的西洋风格，使建筑更有内涵；三是熊希龄在此筹建香山慈幼院的影响。多数实业家愿意为慈善事业出一份力，极少数人出于沽名钓誉的目的，而围绕着香山慈幼院远近各处兴建别墅。所建别墅的院落空间基本继承了原清静宜园景点的整体园林空间格局，改动不大。如今这些别墅建筑既是珍贵的历史文化遗产，也是香山风景区的一道独特风景。

（二）八大处地区的别墅洋房

八大处寺庙众多，风景秀美，也是名人雅士们修建别墅、修身养性的绝佳场所，据常华的《文化名人与北京西山》一文统计，八大处地区的名人别墅有39处，大多已无存。目前保存较为完整的有八大处秘魔崖的袁氏别墅、孙多钰的孙家花园、陈陶遗的陈氏别墅等。

袁氏别墅的主人叫袁翼，号剡溪老人，浙江人，他曾东渡日本留学。1914年，袁翼举家迁居北京，大量搜集和整理古籍，闲暇之时，曾漫游西山。1917年，袁翼首次来到八大处，他特别喜欢这里的美丽风景，于是打算在这里建别墅。他选定将别墅建在秘魔崖附近。在其撰写的《秘魔崖招止亭记》文中道出了其中的原因，《易经》中有艮卦，艮有止意，止到该止的地方。艮也可以是山崖的意思，秘魔崖的位置正合此卦之意。

八大处证果寺（吕红梅摄）

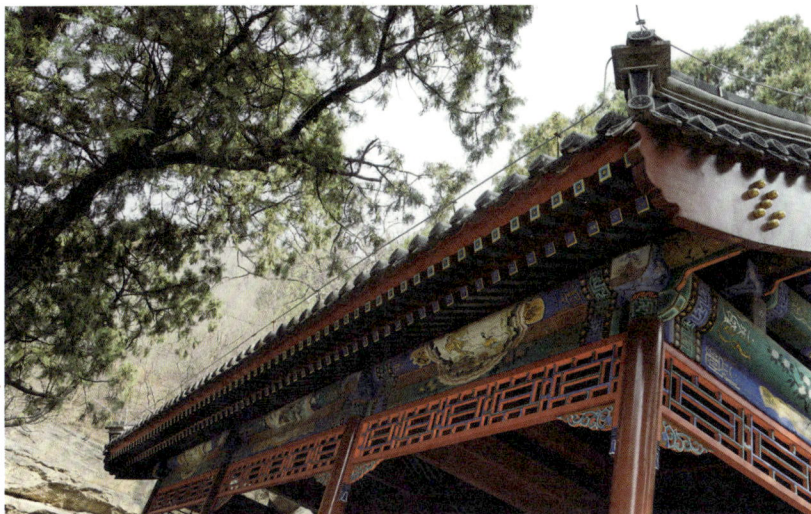

八大处秘魔崖的亭子（吕红梅摄）

八大处大悲寺（吕红梅摄）

八大处三山庵（吕红梅摄）

袁翼根据艮卦之象，萌生了在八大处终老的想法，这个想法在1931年九一八事变后得以实现，袁翼选择在西山八大处隐居。据田树藩的《西山名胜记》记载，袁翼的别墅在秘魔崖东南部，地势很高，房屋为西式建筑，前面有花房，种植了很多鲜花。东边山顶上还有一座亭子，可以在此眺望山景。袁翼在别墅附近种植了大量桃树和松柏，使得春日里桃花满山，冬日里有松柏常青，田树藩夸赞袁翼的别墅与其他的奢华富翁别墅相比，更具优雅气质。袁氏别墅的主体建筑现保存完整，是一幢面积约250平方米的西式房屋，此外还存有南门楼、门房和保姆的房间。

孙多钰的孙家花园位于八大处大悲寺南部，与灵光寺相望，东为三山庵，北望大悲寺。别墅为西式建筑，至今基本保存完好。孙多钰是民国时期著名的实业家，他的母亲是李鸿章的侄女，即李鸿章的大哥李瀚章之女，力主他兴办实业。孙多钰曾任中孚银行总经理、阜丰面粉公司董事长、北京通惠实业公司总裁，成为孙氏家族"通孚丰财团"的总负责人。孙多钰主要居住地为天津，但经常往来于京津之间。1934年，他在八大处营建别墅，作为来京时的避暑之地，并雇用石景山区的农户纪殿臣、张桂林夫妇为他看管别墅。

陈陶遗，民国时期的学者、民主战士，他虽是清光绪年间的秀才，但接受了新思想的熏陶，与柳亚子等人私交甚好。陈陶遗在八大处修建了陈氏别墅，这一事件被记入田树藩的《西山名胜记》中，误作"陈贯一"，实为陈道一，即陈陶遗。

在田树藩所著的《西山名胜记》中，还提到在嘉禧寺之西附近还有首善医院院长方石珊的别墅，等等。

八大处地区之所以会有如此之多的名家别墅，一是因为此地自然风光优美；二是由于八大处的佛寺众多，易于修身养性，远离世事纷扰。

名流荟萃

第四章 名流荟萃的西山如今更胜从前

　　文化遗产的挖掘包含很多方面的内容，其中名人史迹是非常重要的内容之一。因为遗产都是人类创建和改造出来的，所以多少都会带有人的痕迹。"山不在高，有仙则名"，可以用来形象地说明人在文化遗产中的作用——画龙点睛。在我们开发和利用西山的今天，充分发挥西山一带曾经驻足过的历史名人的作用，对于民众的认知、文化的传承而言，都具有重要的意义。

　　本书涉及的西山名人以民国时期的名人为主。民国时期是一个特殊的历史时期，新旧思想的交替和社会政局的动荡，使得这一时期人们的思想丰富多彩。西山的美景及其地理位置所吸引来的名人更是不胜枚举，前文所述的名人只是其中一部分而已。随着西山一带研究工作的深入，全面梳理这一区域内的人类文化遗产，可以为扩展及增加西山的内涵提供历史资料。

一

忆往昔，找寻名人足迹

　　自唐朝起，在西山范围内就有以"推敲诗人"贾岛为代表的名人活动轨迹，延及清朝建设三山五园皇家园林文化区之后，名人更是纷至沓来。到了民国时期，西山更是各界名流休闲、养生、避世、归葬的绝佳场所。西山文化名人是北京文化名人的重要组成部分，研究北京文化就离不开对西山文化的研究，名人也是如此。名人可以界定为在所属领域内具有突出贡献和业内知名度的人，但这些人不一定为民众所知，所以

第一步要做的工作是梳理，建立数据库，然后才是有目标地进行宣传。对于那些有遗迹留存的名人，更是可以在遗迹的基础上用实物说话，让人们对此更有印象。

从古至今，在西山范围内活动的名人数不胜数，我们可以按照以下几条线索来梳理名人史迹。

一是按照时间线索梳理名人史迹，这是一项相对简单的工作，可以从史料入手，对从西山一带走出来的名人和走入西山一带的名人一一进行查找，建立数据库。按时间顺序梳理也需要找出重点内容，对于清朝营建三山五园之后那么多慕名而来的、数量巨大的名人群，则可以作为重点进行研究。

香山附近的清代文物遗迹（吕红梅摄）

香山栖月亭（香山公园武立佳提供）

二是按照是否留存有遗迹进行名人史迹的梳理。有些名人在西山一带的活动属于惊鸿一瞥，除了一些文人作家在自己的作品中有所体现，没有在西山一带留下实物痕迹，如前文中提到的老舍等人。这一类名人可以作为数据进行梳理，但无实物遗产体现。有些名人在这一带建立了花园别墅，在这一带居住、活动的时间很长，那么就可以结合遗产实物进行整理，有条件的还可以结合文化旅游，建成旅游景点，让人们基于实物直观体验名人与西山的关系，从而加深印象。

三是可以按照名人的行业类别进行梳理，以便于给各专业的人员做宣传。在学科分类日益细化的今天，人们追溯学科发展史的时候，总会有那么几位先行者，而很多学科的建立都始于清末民初。从名人所学专业或者所从事的行业角度进行梳理，便于社会上各个行业的从业人员找出该行业在西山一带的活动和发展轨迹。

二

看今朝，立足遗产保护

名人的足迹，让西山的曾经在人们的记忆中鲜活了起来，因此，利用名人效应在西山一带建立一些名人纪念馆，能够激发人们产生对于研究文化遗产方面的兴趣，并使人们能够从更深的层次去了解历史，感知文化。虽然本书涉及的时间节点是民国时期，但在此，还要以清代的曹雪芹和纳兰性德为代表，简单阐述一下名人纪念馆或者特色博物馆的建设。西郊本来就有曹雪芹纪念馆和纳兰性德纪念馆，我们可以将其扩建为红学博物馆和诗词博物馆。

位于北京香山植物园内的黄叶村是体现曹雪芹在西山活动的主要地点之一，这里是以1971年发现的带有几组题碑诗的老式民居为主复原建设的，现在这里已经成为北京地区的"曹雪芹纪念馆"。纪念馆于1983年建成，于1984年开放，至今已有40多年的历史，是中国第一家曹雪芹纪念馆。

该纪念馆建成后，得到了红学界的肯定和认可。2004年是曹雪芹逝世240周年，北京植物园黄叶村曹雪芹纪念馆与中国艺术研究院红楼梦研究所联合国内外的红学专家和爱好者们会聚一堂，在香山卧佛山庄召开了"曹雪芹与黄叶村"主题座谈会。在会上，专家们提到了应该在现有纪念馆的基础上建成有特色的主题博物馆。在建设西山地区的今天，这样的话题也丝毫不过时，我们还是应该把握住曹雪芹的人生和作品特色，增加新的发现及内容，为将曹雪芹纪念馆建成有特色的博物馆而继续探讨。建设有特色的博物馆，可以加入新的内容，如非物质文化遗产内容。2011年6月，"曹雪芹西山传说"入选第三批国家级非物质文化遗产名录。"曹雪芹西山传说"包含有曹雪芹的个性、身世、经历、亲戚、朋友，曹雪芹如何写作《红楼梦》，曹雪芹的居所，曹雪芹如

何扶危济困等众多内容。这些内容可以以现场动态演示和传承的方式体现于特色博物馆的建设中，使观众们可以用更鲜活的方式接触高雅的文学。

随着传统文化的复兴，诗词文化受到人们的热捧，著名的清代词人纳兰性德更是个中翘楚。纳兰性德及其纪念馆的建设也是充分发挥西山名人宣传价值的一项重要内容。纳兰性德的词在当时社会就已达到一种无人超越的境界，时人云："家家争唱《饮水词》，纳兰心事几人知？"虽然纳兰性德的生命有些短暂，但他留下的诗词却千古流传。尤其是随着《中华好诗词》节目的热播，纳兰性德的词再次被大众所熟知。纳兰性德的文学成就可以作为弘扬传统文化的一个切入点。纳兰性德纪念馆是在其父纳兰明珠的私宅上建成的，位于现在北京市海淀区的北端造甲屯，附近的上庄地区是纳兰性德家族几代人生活、归宿之地，纳兰家族墓葬虽然被毁，但其遗留物也算是我们现在宝贵的文化遗产之一。纳兰性德生命短暂，其家族墓地又因各种原因被毁，所以在其纪念馆中陈设的内容并不丰富，在弘扬传统文化的今天，可以以纳兰性德的诗词成就作为切入点，联合电视台等媒体手段对纪念馆进行宣传，扩大其影响力和在民众中的认知度，使纪念馆成为一个活动的纪念场所，而不仅仅是一些静态陈列。

其实纳兰性德与曹雪芹是有一些渊源的。研究红学的学者们一直以来都有一个争议点，那就是《红楼梦》中贾宝玉的原型是谁。据说，乾隆皇帝看过《红楼梦》以后，脱口而出认为写的是"明珠家事"，很多学者据此，再加上纳兰性德才情横溢却英年早逝的经历，推断说贾宝玉的原型就是纳兰性德。其实历史上真正与纳兰性德有关系的曹家人应该是曹雪芹的祖父曹寅。从才情满腹、心怀惆怅的角度来讲，纳兰性德和曹雪芹倒也有相似之处，两人又都在西郊活动过，可以以二人的文学成就作为宣传的切入点，划定一个小范围的"西山文学名人遗产文化带"。

曹雪芹纪念馆（吕红梅摄）

北京植物园内的曹雪芹纪念馆（吕红梅摄）

名人葬在西山的更是不计其数，因此，很多研究者将西山一带的名人墓葬作为一个专门的内容进行研究，就宣传而言，可以从名人的角度进行梳理，打造"名人墓葬参观带"。墓葬包含了丰富的内容，大部分民众只把它当作一个静物来参观，在新的宣传中，应该加入更丰富的内容，如在墓主人的生平介绍中加入现代影视媒介内容，增强参观的直观性和生动性。在墓葬方面的讲解中加入传统文化中墓葬文化及该墓葬在墓葬发展史中的地位等内容，提升墓葬的文化内涵，普及墓葬文化的相关知识。如北京植物园内就有梁启超墓，虽然梁启超是近代史上的知名人物，但关于梁启超的生平事迹却不是人人都知道的，可以将梁启超的生平逸事编辑成故事，让观众听起来不枯燥。另外，其子梁思成及夫人林徽因也是近代名人，可以以家族谱系为主线进行深入的介绍，使一个墓葬变成内容丰富的综合景点。

另外，植物园内还有军阀孙传芳的墓。关于孙传芳的是非功过早有定论，作为在近代军事史上有一定影响力的人物，孙传芳在后半生倾心于佛教，因此其墓似宝瓶形状，这种结构比较少见。相比于梁启超和孙传芳，植物园内还有一个墓葬鲜为人知一些，那就是张绍曾之墓。张绍曾墓现在仅保存有石牌楼、石碑和残败的宝顶，而熟悉近代史的人都知道，张绍曾也曾是当时大名鼎鼎的人物。张绍曾是天津武备学堂学生，由清廷选派保送至日本陆军士官学校学习，他发动了著名的滦州兵谏和滦州起义，为推翻清朝的统治做出了贡献，后任民国的陆军部长、国务总理及陆军上将。之后因派系矛盾死于暗杀，冯玉祥将军将之葬于西山。北京植物园内光近代名人的墓就有3个，这对于人们了解近代历史也很有帮助。

以贝熙业的贝家花园为主体打造"中法交流文化带"。20世纪初，以法国医生贝熙业的贝家花园为中心，聚集了一大批中外名人，既有

国际友人铎尔孟、圣-琼·佩斯等法国人，也有蔡元培、熊希龄等中国人，他们在此讨论中国近代教育的发展问题，并在这里进行了中国近代教育的新实验，为推动教育事业的发展做出了贡献。在抗日战争爆发后，这里曾先后帮助过国际友人林迈可夫妇等脱离日寇的追击，之后又为平西抗日根据地输送了大量宝贵的药材，这在当时紧张的国内形势下是难能可贵的。据统计，西山地区共有20多处中法文化交流遗存，如贝家花园、贝大夫桥、圣-琼·佩斯创作地和著诗处、中法大学建筑遗存、理想社会实验区等。在现今的和平年代，我们更不能忘记那些国际友人为中国所做的贡献，可以以西山一带的建设为契机，以贝家花园和贝熙业作为宣传中法文化交流的切入点，充分发挥这些名人及其文化遗产在新时代的价值和意义。

黄叶村（吕红梅摄）

温泉乡附近的冯玉祥遗迹（吕红梅摄）

　　西山一带的内涵丰富多彩，在重视文化带建设的今天，全面梳理西山一带的名人史迹，并对这些内容进行充分挖掘和利用迫在眉睫。西山一带的很多历史文化遗产早就存在，我们在对其进行保护的同时，更要结合新的文化遗产利用理念，对其进行更深入的、贴合大众实际需求的宣传，并加以利用。名流荟萃的西山也需要用历史名人的宣传价值使自己更加绚丽多彩，充分发挥西山名人的宣传价值，可以为文化的繁荣和发展、为北京建设"文化之都"做出贡献。

【参考资料】

著作

[1] 沈卫威编：《胡适日记》，山西教育出版社，1997年。

[2] 常华等著：《妙峰香道考察记》，北京出版社，1997年。

[3] 燕京研究院编：《燕京大学人物志（第一辑）》，北京大学出版社，2001年。

[4] 丁文江、赵丰田编：《梁启超年谱长编》，上海人民出版社，2009年。

[5] 徐百柯著：《民国风度》，九州出版社，2011年。

[6] 于永玉、胡雪虎编：《中·不偏谓中》，天津人民出版社，2012年。

[7] 中共海淀区委香山街道工作委员会、海淀区人民政府香山街道办事处编著：《香山名人足迹与墓园》，新华出版社，2012年。

[8] 张恩岭编著：《张伯驹传》，花城出版社，2013年。

[9] 王开林著：《大师》，复旦大学出版社，2013年。

[10] 李进明编著：《海淀大西山名胜古迹寻踪》，北京文化出版社，2014年。

[11] 中共海淀区委香山街道工作委员会、海淀区人民政府香山街道办事处主编：《香山村落与民俗》，新华出版社，2014年。

[12] 阚红柳主编：《民国香山诗文精选》，北京联合出版公司，2015年。

[13] 王云五、罗家伦等著：《民国三大校长》，岳麓书社，2015年。

报纸、杂志

[1] 孙玉石：《"民族魂"的精神光辉永照——鲁迅与北京大学》，《江苏师范大学学报（哲学社会科学版）》，1996年第3期。

[2] 赵竞存：《香山慈幼院——记中国近代教育史上的一所独特的平民学校》，《唐山师范学院学报》，2001年第6期。

[3] 吴运乾、吴运坤：《先祖父吴佩孚的生前身后事》，《百年潮》，2004年第4期。

[4] 冉维山：《梁启超与讲学社》，《菏泽学院学报》，2006年第6期。

[5] 洪烛：《北大、清华出过哪些"五四"名人》，《今日教育》，2011年第Z1期。

[6] 赖建玲、郑家建：《一样的清华园，不一样的学者——论清华国学院时期的梁启超》，《鲁迅研究月刊》，2011年第7期。

[7] 吴锦旗：《民国时期大学中教授治校的制度化分析——从北京大学到清华大学的历史考察》，《山西师大学报（社会科学版）》，2011年第1期。

[8] 刘红、刘超：《老清华史学共同体之命途——从梁启超到雷海宗》，《清华大学教育研究》，2012年第5期。

[9] 刘寻：《关于〈教我如何不想她〉》，《文史精华》，2013年第1期。

[10] 常河：《科学之精神社会之自觉——不该被忽视的北大校长蒋梦麟》，《江淮文史》，2013年第3期。

[11] 王晓恒：《〈盛京时报〉时期穆儒丐创作及思想论析》，《东北师范大学学报（哲学社会科学版）》，2016年第3期。

[12] 常华：《文化名人与北京西山》，《北京档案》，2013年第12期。

[13] 陈名杰：《创建北京文化新地标的思考——以"曹雪芹西山故里"项目为例》，《前线》，2014年第2期。

[14] 崔强：《程砚秋先生在青龙桥务农轶事》，《中国文化报》，2014年7月1日。

[15] 陈平原：《作为大学校长的蒋梦麟》，《书城》，2015年第7期。

[16] 赵连稳：《京西文化初探》，《北京科技大学学报》，2015年第3期。

[17] 孙晓波、傅凡、张勃：《原清静宜园二十八景和其他景点遗址上的民国别墅研究》，《华中建筑》，2015年第4期。

[18] 田彩云：《旅游引领三山五园文化保护与发展的对策研究》，《北京联合大学学报（人文社会科学版）》，2016年第1期。

[19] 王明辉：《"西学"之于王国维》，《人间》，2016年第1期。

[20] 欧阳哲生：《胡适笔下的北京风光》，《鲁迅研究月刊》，2017年第3期。

【后　记】

近几年来，在北京市政府等各部门的大力倡导下，学界和民众都对西山投入了很多的关注力，从各个层面对西山的文化内涵和未来发展进行了研究。在建设全国文化中心的背景下，作为有着悠久历史的北京，其可挖掘、开发和利用的文化遗产及内涵非常之多。

本书的主要内容是梳理民国时期西山一带的名人史迹，其中包括曾经来过西山的、葬于西山的各界名流。通过本书的梳理，读者能够对西山有一个更加深入的了解，同时也能激发读者对于建设西山的兴趣和参与度，进而为建设北京文化中心服务。

本书为编著作品，在已有的对于西山的研究成果的基础上，对民国时期相关名人的史迹进行了梳理。因时间与作者能力均有限，故梳理必有不全面之处。希望在此基础上，能够有更多的人为本书增加新的内容，从而使本书抛砖引玉的作用得以发挥。

感谢我曾经的同事张雨副教授（现为中国政法大学副教授），他为我提供了很多民国时期的档案资料。还有我的同事，产学合作与服务地方办公室的范晓薇、张艳春老师，她们也为本书的编著及联络提供了帮助。

感谢为本书提供资料的周怡同学，她是一位爱好摄影并且在摄影领域已经取得一定成绩的研二学生。在她的照片中，名人墓在春日的繁花中静谧于西山，肃穆且美丽。

吕红梅

2019年9月